LA VÉRITÉ ÉCONOMIQUE.

UNE PENSÉE DE QUARANTE ANS.

1790, 1814-1816, 1829-1831.

> Chacun ayant son nécessaire physique, égal, on ne doit taxer que l'excédant; taxer le nécessaire, c'est détruire.
>
> (*Esprit des Lois*, liv. 23, ch. 29.)

PARIS,
A. PIHAN DELAFOREST,
IMPRIMEUR DE LA COUR DE CASSATION
RUE DES NOYERS, N° 37.

Qu'on jette un coup d'œil sur notre situation : tout ce que la nature a de plus inviolable, en opposition avec tout ce que la société a consacré ; le poids d'un principe immuable et imprescriptible, vis-à-vis la masse imposante des coutumes et des lois de dix siècles ; enfin, la position du misérable fort de son droit, qu'il exalte jusqu'au point de la dissolution de la société, contre la légalité rigoureuse dont le puissant prétend couvrir jusqu'à ses usurpations.... (*Les Prédictions de 1790.*)

C'est l'œuvre la plus délicate que de balancer les intérêts opposés de la richesse et de la misère. Le talent et le pouvoir, la parole et la plume, tout est aux mains ou aux pieds de la première : les questions de cette sorte se décident d'emblée, sans qu'il y ait ouverture aux débats ; et avec l'aide du temps, leur solution est consacrée sous la forme d'axiôme. Malhéur alors à qui prétend attaquer l'idole ! mais l'idole n'est assise que sur le sable : et tôt ou tard cette base mouvante s'échappe sous sa masse gigantesque. (*De la taxe des sels*, 1814.)

Un tel ordre de choses est-il juste, est-il possible ? ces deux questions n'en font qu'une. En fait d'impôts, l'équité absolue est illusoire, et l'équité relative est presque impossible. Lorsque l'état est aux risques, les degrés du juste sont tracés sur l'échelle du possible : tel ou tel doit payer, autant qu'il peut payer, et d'autant qu'il peut mieux payer. C'est suivant cette loi qu'il se rencontre moins de gênes pour l'intérêt privé, moins de pertes sur le capital national, moins de retards et de non valeurs, quant au trésor. (*Notes sommaires sur le budget de* 1816.)

SOMMAIRE.

Enfin, entrez dans la voie des impôts, sous la règle du juste et de l'utile, maintenant impérieuse par bonheur (1):

Et, désistez-vous des vaines chances de l'amortissement, qui ont trompé long-temps, qui ne trompent même plus;

Au moyen de quoi, il deviendra possible de poursuivre ces deux points de justice et de prudence; la libération de l'indigence, et le soulagement de la malaisance.

Car en quelque sens, qu'on tourne ou qu'on retourne

---

(1) Le peuple se croirait dupe et avec raison, si, à la fin, il ne restait de la révolution que des changemens dans quelques positions sociales; si, par exemple, ses bienfaits se bornaient à procurer à quelques roturiers qui n'avaient rien, une fortune plus ou moins légitimement acquise; à quelques nobles dédaignés de l'ancienne cour, des honneurs propres à flatter leur vanité; à quelques petits littérateurs ignorés, à quelques écrivains manqués, des emplois élevés et lucratifs, des ambassades, des gouvernemens, des ministères; enfin, à d'autres hommes que je ne nommerai pas, une influence dans les affaires publiques, infiniment plus considérable que celle à laquelle ils ont droit de prétendre. J'ai dit, et je vote le rejet. (Discours de M. Lefèvre au sénat, le 4 novembre 1831.)

la question, toujours se rencontrent en présence et face à face, l'amortissement de la dette perpétuelle, et l'allègement des taxes oppressives (1).

Certes, la solution ne laissera point de doute, après le dénombrement et la désignation desdites taxes;

Les tarifs fixes qui jouent du millième au dixième, entre le riche et le pauvre.

Les droits fixes sur les boissons du peuple, qui sont aggravés en proportion de la misère.

Le port des lettres qui intercepte les communications parmi les classes peu aisées.

---

(1) Il est parfaitement d'accord avec le noble duc sur ce principe général, qu'il convient d'avoir un excédant de revenus pour subvenir au déficit soudain et imprévu. Mais il ne peut lui accorder qu'il soit expédient d'avoir ce surplus de recettes, afin d'opérer à la façon de l'amortissement sur la réduction de la dette nationale. Il considère, d'abord, que tout excédant appliqué à réduire l'immense masse de cette dette, serait nuisible plutôt qu'utile, étant d'opinion que l'argent laissé dans les poches du peuple pour être employé dans l'agriculture, le commerce et l'industrie, tend davantage à l'accroissement de la richesse publique, tend davantage à alléger le fardeau de la généralité du peuple. Il pense que la conduite que l'on tient à présent est la meilleure, et qu'il est plus convenable de continuer avec un faible surplus, que d'imposer des taxes nouvelles, ou de prolonger d'anciennes taxes qui pèsent lourdement sur les forces productives; en prenant dans les bourses, pour un fonds d'amortissement, cet argent qui est laissé bien plus à propos à la disposition des individus, lesquels, à ce moyen, travaillent avec succès à soutenir la richesse nationale. (Lord Grey, 17 octobre 1831.)

Les portes et fenêtres qui contraignent à se priver de l'air et du jour.

L'impôt mobilier et personnel, qui dîme sur l'insuffisance de la vie.

L'impôt foncier qui pressure le laboureur vivant à peine sur sa récolte.

La taxe du sel qui pèse surtout dans les campagnes, et frappe en raison inverse des moyens.

Desquelles taxes, les neuf dixièmes pour l'impôt personnel et l'impôt du sel; les quatre cinquièmes pour les portes et fenêtres et les boissons communes, sont acquittées par l'immense majorité en nombre; par l'immense minorité en fortune, de la population française.

Bien qu'il dût suffire d'une épargne de 100 millions, pour les réduire en somme ou limiter leur assiette :

De sorte à dégrever cinq millions de familles, en calculant les frais accessoires, de 20, 30, et 40 fr. par an :

Ce qui fait la valeur de vingt à trente journées de travail, et du quinzième au dixième du salaire annuel du chef de famille.

Ce qui fait le tiers ou la moitié de l'entretien d'un enfant en bas-âge, et le double ou le triple des frais de la famille, dans l'état de maladie.

---

(1) Le *Moniteur Belge* continue de défendre les vrais principes en matière d'impôt. Nous lisons dans cette feuille :

« La nation est un composé d'individus, dont les uns produisent et consomment, et les autres consomment et ne produisent pas. Les premiers, dont les travaux forment la richesse et la force de la nation, doivent, autant que possible, être à l'abri des plus lourdes charges, qui anéantiraient ces richesses dans leur source. Toute la question de l'impôt est là. Il s'agit surtout de déterminer, puisque l'impôt est indispensable, quels sont ceux qu'il doit spécialement atteindre, afin que le travail et la production ne soient point écrasés au profit de certaines classes privilégiées, comme cela a eu lieu en France par l'œuvre des hommes qui ont gouverné depuis 1815. commençons donc par préciser quelle est la somme dont l'état a strictement besoin pour administrer les affaires publiques dans l'intérêt de tous, et, ce point une fois concédé, attachons-nous à établir l'impôt sur des bases équitables et justes, toujours dans le but de favoriser le travail » (*Journal du Commerce*, du 14 novembre.)

1790.

L'histoire crie que les révolutions se jouent constamment de la masse nationale, et que sous des dénominations variables et insidieuses, c'est toujours entre quelques classes de citoyens aisés, que se passent les querelles politiques.

Ne vous flattez pas. Il est trop vrai que la masse du peuple n'est pour rien dans la révolution; que l'ignorance et la paresse, la séduction et la crainte ont dicté les vœux apparens.

Or, si le fond de la nation reste ou devient insouciant, ce sera un jeu de faire des révolutions: les forces des divers partis, prévaudront tour à tour; le désordre se propagera, ou le despotisme surviendra.

Songez-y; les phases se succèderont sans fin, jusqu'à l'établissement d'un ordre de choses qui soit fondé sur la raison, sur les rapports naturels des citoyens, sur la morale pratique et religieuse; sur la chaîne des habitudes enfantées par l'influence active à la chose publique, enfin sur le sentiment du bien-être, seul capable d'établir des liens indissolubles.

Que si la révolution ne tend vers ce principe, je nie qu'il y ait du patriotisme, de la liberté; et je n'ai plus qu'à gémir sur la corruption, sur la ruine de ma patrie.

. . . .

On s'égare cruellement en se fiant à l'exaltation de certaines têtes. Une jeune liberté est forte pour l'instant. Le premier mouvement emporte les esprits frivoles, écarte les caractères prudens. Bientôt les idées se calment et les sens s'agitent. Le peuple retombe sur la terre , et il a faim. Alors il jette un sombre regard sur la route qu'on lui a fait suivre et se venge de ceux qui ont guidé sa marche.

C'est une vaine abstraction que la liberté politique : elle sera de mode pour un temps : toute semblable à la passion, elle n'aura point de bornes dans ses développemens ; mais comme la passion aussi, sa durée se limitera, en raison de son exagération.

Ici, je ferai ma profession de foi : je suis loin d'être l'apôtre de ce grand mot de la liberté politique : ma seule idole , j'espère , sera toujours l'humanité.

Aisance générale et mœurs pures, liberté et égalité civiles, protection au dehors et sûreté dans l'intérieur : tels sont mes vœux. Si la liberté politique manque à les accomplir, ce n'est plus qu'une chimère, que le hochet de la vanité.

. . . .

Ainsi sent la masse du peuple : la liberté politique lui pèsera bientôt , si elle resserre son aisance ou contrarie ses habitudes ; elle lui sera indifférente , si les effets réels n'en découlent pas sur lui.

Ce serait une vaine victoire d'avoir conquis la

liberté, si on ne l'appuie sur le bonheur du peuple; ce serait une cruelle jouissance d'en concentrer l'exercice entre quelques personnes; ce serait un propos dérisoire de crier à la nation, qu'elle est libre et qu'elle doit être heureuse.

La liberté politique n'est trop souvent qu'un portique superbe qui masque de misérables chaumières : certains hommes oisifs ne dépassent jamais le portique et ne songent pas dans leur enthousiasme, si le reste de l'édifice y répond. D'autres, et c'est le grand nombre, traînent une vie pénible au fond des chaumières; courbés sous le travail, ils ignorent l'œuvre merveilleuse qui les entoure.

Cependant l'ennemi vient et écrase sous les ruines du portique, ces hommes oisifs, sans que leurs voisins s'en aperçoivent, ou s'y intéressent le moindrement.

« L'Etat doit à tous les citoyens, une subsistance assurée, un vêtement convenable, et un genre de vie qui ne soit point contraire à la santé. » (*Esprit des Lois*, liv. 23, ch. 29.)

« Chacun ayant son nécessaire physique, égal, on ne doit taxer que l'excédant : taxer le nécessaire, c'est détruire. » (*Idem.*)

L'homme pauvre n'a besoin de la liberté que pour s'assurer la subsistance.

L'existence est la fin de l'association; la liberté n'est que le mode.

D'où l'impôt ne doit aucunement s'élever sur le nécessaire réel et égal de chaque individu.

L'impôt doit être uniquement assis sur l'excédant au-delà de ce nécessaire et en progression de son degré.

L'impôt doit laisser exercer dans toute leur latitude, les moyens naturels ou artificiels de chacun.

. . . .

L'existence assurée de tous, voilà le but de la société : l'emploi total des forces et du temps, voilà son moyen.

Or, le but et le moyen, par une loi générale de la nature, s'enchaînent : si le moyen perd de son intensité, le but n'est atteint que partiellement ; et le moyen faiblit encore ; et le but faillit de plus en plus.

C'est ce qui arrive lorsqu'un homme se dispense du travail. Comme le travail seul porte des produits, et comme son fruit semble former la mesure du nécessaire naturel, il se trouve que quelqu'un manque du nécessaire.

Et, l'exemple de cet homme oisif est bientôt imité par tous ceux qui ont dans leurs mains, de quoi acheter une partie du nécessaire acquis à d'autres par leur travail : d'où le mal s'accroît : d'où l'idée du nécessaire d'état s'établit.

. . . .

Telle est la marche des aveugles sociétés de l'Europe.

Le mal est au comble : la misère brise les ames

et le luxe les avilit : tous les deux minent les facultés.

Que si enfin on ne rétrograde pas devers l'amour du travail et la simplicité des mœurs, il en résultera :

Ou que l'emploi des forces se trouvera au-dessous des nécessités de la masse : et qu'alors l'association sera dissoute par la violation du droit de l'existence, laissant ses membres isolés et divisés entr'eux.

Ou que l'excès de misère et d'abrutissement, opposé à l'excès de luxe et de corruption, vomira des tourbes d'hommes plus féroces encore qu'injustes ; qui assouviront leur tardive vengeance sur les heureux de ce monde.

. . . .

De là, l'homme qui se décharge du devoir de travailler, ou qui en détourne d'autres personnes, ou qui les soumet à des occupations stériles, doit remplacer dans la caisse commune, le vide de produits que cause leur oisiveté, afin qu'il y ait moyen de porter secours à ceux que cette oisiveté même prive du nécessaire ; de plus, il doit contribuer à raison du travail présumé de lui-même et de ses subordonnés, au cas que l'industrie soit imposée.

Le pacte social est fondé sur la liberté et la sûreté de chaque membre, d'où provient le droit indéfini de l'emploi de ses moyens, et par suite le droit de propriété de leurs produits ; si la société n'a pu restreindre l'usage des facultés, il est évident que le droit de possession acquis par leur exercice, est inviolable.

Mais aussi les institutions morales et civiles doivent tendre à arrêter son extension, toutefois sans oppression individuelle qui attaquerait la liberté, et sans effet rétroactif qui annulerait toute confiance dans l'ordre social.

La loi qui nous régirait comme des hommes parfaits, se trouverait anéantie sous notre corruption : la loi qui s'assouplirait à celle-ci, en précipiterait encore le cours. On doit se contenir entre ces deux termes.

Les remèdes, ce semble, appropriés aux circonstances, sont de décharger de tout impôt, le nécessaire réel de l'homme et de charger le superflu dans une progression accroissante.

. . . .

Lorsque chacun avait à peu près et presque également son nécessaire naturel, lorsque l'impôt était limité dans ses emplois, et consacré au bien de tous, il était simple que chacun contribuât proportionnellement à ses moyens.

Mais aujourd'hui que le nécessaire de plusieurs millions d'hommes est rarement satisfait et que des individus possèdent un revenu centuple de leur nécessaire ; aujourd'hui que l'accroissement énorme de l'impôt tourne presque entièrement à l'avantage politique ou civil de ceux-ci, on ne peut exiger une subvention de la part des premiers.

Sans doute l'abus de la propriété fondé sur l'achat ou le travail doit être respecté : mais aussi l'abus de l'impôt qui en dérive, existe maintenant. L'un doit être balancé par l'autre : l'abus contre la propriété ne doit pas retomber sur ceux-là même qu'a déja frappés l'abus de la propriété.

. . . .

« L'état social, disait Rousseau, n'est avantageux aux hommes qu'autant qu'ils ont tous quelque chose, et qu'aucun d'eux n'a rien de trop. »

Sans adopter cette maxime dans son extension, on ne peut nier que la fausse entente du droit de propriété la justifie quelque peu, et nous a transportés au plus loin de ce point désirable.

Qu'en arrivera-t-il? et devons-nous compter long-temps sur le repos actuel des sociétés humaines; ou la pente habituelle des choses, l'union factice de quelques hommes, la crainte de l'emploi de la force, ont jusqu'à présent neutralisé la puissance réactive de la souffrance presque générale.

L'homme se tait encore : le citoyen se taisait aussi. Tout a son terme; le premier droit qui soulève la pesante main du temps, ouvre une route facile devant tous les autres droits.

1814--16.

On fonde communément la préférence en faveur de tel ou tel impôt, d'après l'égalité de la répartition et l'économie de la perception ; et, en effet, toutes choses étant semblables d'ailleurs, il est clair que ces deux points doivent la déterminer. Mais, indépendamment des considérations qui caractérisent les divers impôts, il faut dire que le plus souvent, cette égalité tant vantée, n'existe que sous le rapport des chiffres, et aboutit à une injustice réelle, à des pertes sèches pour l'Etat; il faut dire que cette économie très importante, sans doute, n'est point destinée cependant à servir de contrôle absolu, à balancer des inconvéniens d'un ordre plus élevé.

La pierre de touche des impôts, en thèse générale, réside dans leur influence sur la population et la production, de sorte que toutes les autres conditions restent relatives et secondaires. Ces deux élémens constituent la force ainsi que la richesse de la société ; c'est anéantir les moissons qui se préparaient pour l'impôt futur, que d'arrêter le développement du germe par l'impôt actuel.

On confond ici le travail et les capitaux : on réunit les intérêts de la population et de la production, bien qu'une inadvertance presque générale omette les premiers dans ses calculs. Les fonds sont tout-à-fait stériles sans l'action des bras, au lieu que les bras produisent à l'aide du moindre fonds; si le travail ne crée pas la matière, du moins il en crée la valeur : le travail représente comme une sorte de capital intelligent, dont l'alliage avec les capitaux matériels leur imprime seul, un titre efficace et appréciable.

Il est manifeste que l'ouvrier est subrogé de droit aux prérogatives du travail qui émane de sa personne. Or, en France, l'ouvrier est réduit au strict nécessaire; tout impôt qui l'atteint, frappe sur ses besoins absolus; et l'altération de ses forces est portée au même degré, soit qu'il se soumette à la privation, soit qu'il essaie de la surmonter par un excès de labeur.

Ainsi sa personne et sa famille tombent dans cet état de souffrance qui donne naissance à tant de maladies épidémiques, et cause en dernière analyse un vide sensible dans la population : ainsi il s'opère et par la faiblesse de l'individu, et par la réduction du nombre, une déperdition du capital intelligent, du capital de travail qui devait s'exercer sur les capitaux matériels, pour accomplir l'œuvre de la production.

De là dérive une maxime capitale. En point de droit autant qu'en point de fait, d'après les règles de la morale et de la politique, les nécessités de l'existence n'entrent point dans la mise du fonds commun, ne ressortent point des lois fiscales. L'homme est investi à l'instant même de sa naissance, et comme par un titre originel, du droit de vivre; et ce droit essentiel, inhérent, indélébile, le suit à travers toutes les combinaisons sociales. Lorsque l'Etat s'oublie jusqu'à violer la plus sacrée des prescriptions, il en porte aussitôt la peine, attendu que sa force et sa richesse en dépendent immédiatement.

On doit le crier mille et mille fois sur les toits de la France, dès lors que les murs de Paris n'ont pas d'oreilles. La matière imposable n'existe que dans la rente, dans le revenu libre, qui s'établit sous la déduction des frais consommés pour la production de la denrée et des dépenses obligées pour la reproduction du travail; s'il se rencontre des risques à attaquer le revenu, ils ne privent la société que d'un excédant d'épargne et d'un accroît éventuel de capital, tandis qu'en franchissant cette limite, l'impôt détermine une perte effective et progressive dans la fortune publique.

Ces dogmes sont tellement admis, au moins tacitement, que pour les enfreindre sans scrupule, le fisc se croit tenu de mettre en avant le système du retour de l'équilibre, au moyen du surhaussement des prix. Mais quand même le prix du travail et de la denrée devraient s'élever en proportion de la taxe, pour récupérer le contribuable, il est impossible que ce mouvement s'opère sur l'instant même; et, pour qui vit au jour le jour, le moindre délai cause un dommage irréparable. En tout cas, on ne voit pas à quel effet, le plus misérable serait chargé ainsi du coût des avances; on ne voit pas pour quel motif elles ne seraient pas perçues tout d'abord sur ceux qui doivent les rembourser.

Le retour de l'équilibre ne s'accomplit qu'après un long terme et seulement dans certaines contrées, où les emplois se disputent le travail, où les épargnes remplacent à propos le salaire, en sorte que l'offre du travail est moins empressée que la demande.

Nulle force active et immédiate n'est déférée à la justice, et les poids de l'intérêt comptent seuls dans la balance. Au marché, tel qu'il soit, les prix se fixent en raison combinée des désirs respectifs : on y voit d'une part le travail inquiet et impatient de se vendre, pour entretenir le cours vacillant de la vie, pour renouveler des forces capables de suffire aux emplois du lendemain ; il se présente comme sous la forme de mendiant à qui toute aumône est sortable, dès lors qu'elle lui donne l'espoir d'attendre une aumône nouvelle. D'autre part, la commande n'est mue que par des suggestions à la fois moins urgentes et moins importantes ; elle se retire plutôt que de s'avancer ; elle se dissimule à mesure qu'elle est sollicitée, et souvent ses auteurs se coalisent au détriment de l'individu isolé.

Lorsque le niveau déja incertain des besoins et des moyens se trouve ébranlé par le coût de l'impôt, on conçoit que l'ouvrier tient d'autant plus à le préserver d'une autre sorte d'atteinte ; le travail s'offre dans une plus grande concurrence, avec un plus grand empressement, de sorte que la cause même qui lui donnait des droits à obtenir un prix élevé, ne réussit qu'à l'avilir encore. L'équilibre doit se rétablir cependant, et il se rétablira ; mais seulement après que ces fausses mesures auront réduit sur le marché l'ancienne quantité de travail, en épuisant ou dévorant un grand nombre de ses agens.

L'impôt sur les sels se trouva ainsi établi. Cette denrée est importante par sa masse; elle est facile à suivre et à saisir dans sa route. Dans les temps anciens d'ailleurs, on était forcé de s'attacher aux objets de première nécessité. Sa taxation est universelle autant qu'immémoriale, et s'était élevée à trente et quarante fois la valeur réelle. Il ne fallait pas moins que l'autorité d'un tel exemple pour faire supporter à l'imagination, l'idée d'un droit aussi disproportionné : la pratique a paru aux esprits débiles tenir lieu de l'expérience même, malgré qu'elle n'ait servi qu'à en étouffer les recherches. En suivant ces erremens, il n'y aurait plus de motifs pour repousser la capitation, la taille et les corvées, dont l'usage est également admis depuis des siècles dans toute l'Europe.

S'il est permis de ne pas se soumettre aveuglément à l'opinion et aux habitudes de nos aïeux, on osera dire que cet impôt fut toujours désastreux, et l'est devenu plus encore par l'effet des progrès de la civilisation. Son moindre vice consiste dans l'inégalité extrême de sa répartition, soit à l'égard des personnes, soit à l'égard des provinces.

La dépense en sels est égale pour le riche et pour le pauvre; même leur emploi peut être remplacé chez le premier par d'autres ingrédiens qui sont au-dessus de la portée du second. Les viandes, les beurres et les poissons salés ne se retrouvent guère que dans la nourriture de l'homme de peine; une classe nombreuse et plus misérable encore, est dévouée à l'usage du sel dans son pain lourd et grossier, dans ses bouillies mal cuites et point fermentées : on peut dire que cette denrée est alors plus qu'un aliment, puisqu'elle est nécessaire pour en communiquer la vertu aux matières qui le représentent.

D'autre part, la consommation en est très différente dans les contrées du royaume. Le voisinage des côtes et l'habitude du bas prix ont multiplié les emplois : le pain, le beurre, se salent en Bretagne et non pas à Paris. Les bestiaux et les engrais présentent le même contraste : et sans doute, par un effet du hasard, il arrive que la qualité du climat et du sol, que l'espèce des récoltes, ne permettent pas de changement dans ces anciennes coutumes.

Ainsi la taxation des sels ne frappe ni les provinces ni les personnes dans la proportion de leurs moyens pécuniaires. Vainement, par une désignation empruntée et par les formes trompeuses de la perception, on cherche à lui donner le caractère d'une contribution indirecte. Il n'en est pas moins vrai que, pour les individus, elle constitue une charge fixe et égale par tête, une capitation, pour tout dire. Supposez le droit à deux sous par livre, et la dépense à quinze livres de sel, c'est trente sous de capitation, c'est neuf francs par famille, riche ou pauvre, de six personnes. Pour les diverses contrées, le résultat est plus inique encore; c'est une taille légalement répartie en raison inverse de la richesse et même de l'industrie qui la fait naître.

On concevra facilement qu'à l'égard des unes et des autres, il serait mille fois préférable que le montant de ce droit fût perçu en nature d'impôt foncier, et même par les voies de la capitation ou de la taille; parce qu'alors le laboureur et l'artisan, taxés à une somme que rien ne pourrait faire varier, ne seraient plus excités comme ils le sont, par l'appât d'une économie perfide, à réduire l'emploi des sels, soit dans la nourriture qui doit réparer leur force et augmenter leur capacité de travail, soit dans l'engrais des bestiaux et des terres, qui ne peut manquer de rembourser leurs avances avec usure.

On évite généralement de taxer les matières pendant le cours de leur circulation; mais on oublie quelquefois que l'inconvénient se retrouve le même, en établissant un droit sur celles qui servent d'agens ou d'alimens à la culture et à l'industrie. C'est en vain qu'on s'imagine avoir fixé le point de leur consommation ; une telle expression appliquée aux denrées, est absolument identique avec celle de l'anéantissement quant aux êtres; elle présente le terme final des travaux de l'homme, la fatale fin où tend sans cesse et se perd le mouvement du mécanisme social. Il n'y a de consommation réelle que pour les objets qui sont voués à une destruction définitive, à une absorption stérile : ce mot n'offre point de sens à l'égard de ceux qui sont destinés à propager la production, et qui ne périssent en apparence que pour renaître aussitôt sous des formes différentes.

Il faut en dire autant pour les denrées indispensables au soutien de l'existence du travailleur. Leur emploi à titre de nourriture, détermine le renouvellement de ses forces, et entretient la capacité de travail dont il doit disposer au profit de la fabrication; en attendant le contre-effet toujours lent, et souvent incertain de l'accroissement des salaires, le résultat de l'impôt sur ces denrées est de diminuer la production, sans parler de la perte qu'il fait subir à la population même. Il n'existe donc pas à leur égard, de consommation réelle et effective, dans le sens où elle est entendue relativement à l'impôt : l'absolu nécessaire de la vie doit être considéré comme en-dehors de la sphère fiscale; et en vérité, ses limites sont si étroites, ses ressources sont si fragiles, qu'il se trouve à la fois peu de profit et beaucoup de risque à l'attaquer.

L'emploi des sels se classe, presqu'en totalité, dans ces deux catégories de consommation apparente qu'il n'est pas permis de frapper. Le beurre et la viande salée, le pain, la soupe et les bouillies de la masse ouvrière, ne doivent qu'à leur aide de se préparer, de se conserver, de se digérer; depuis que le droit est établi, le pain se fait avec de l'eau de mer ou avec des eaux croupies que rien ne corrige; la soupe et les bouillies soulèvent l'estomac au lieu de le rassasier; et les viandes salées se sont réduites de moitié dans le régime des campagnes. La faiblesse, la maladie, la mort, telles en sont les suites : l'impôt est assis sur la consommation peut-être, mais c'est sur la consommation des hommes même.

L'engrais des terres et la nourriture du bétail réclament également l'usage du sel; il est des terrains froids et humides où le succès des moissons en dépendrait, où la maladie endémique des bestiaux, la pourriture, lui devrait sa guérison : partout les bêtes à cornes et les moutons attendraient de lui, leur force et leur graisse. Que de produits se trouvent ainsi avortés à l'origine! Quelle charge nouvelle est ainsi imposée à la propriété! c'est couper l'arbre par le pied, afin d'en cueillir les fruits!

Il n'est que cette taxe qui soit chargée de la double tâche de réduire la capacité de travail, et d'étouffer le germe de la production. Les douanes et le droit sur les tabacs n'attentent ni sur l'un ni sur l'autre; le droit sur les boissons est indifférent sous le dernier rapport, et presque étranger au premier ; un impôt sur les laines, les lins et les cuirs, en les saisissant à la fabrique ou à la vente, ne serait nuisible dans aucun sens.

On ne peut se refuser à discuter le choix entre la taxe des sels et quelqu'autre impôt. Il faut quarante millions nets ; c'est à raison de trente sous par tête. Par la voie de cette taxe, la charge est intrinsèquement égale pour chaque personne, et par cela même progressivement inégale pour chaque fortune : on paie le millième, le centième, le dixième de son revenu. Voilà les faits.

Maintenant qu'est-ce, au fond, que l'impôt mobilier, que la taille même ? Rien autre chose qu'un droit tarifé à raison de la dépense ostensible en logement, en meubles, en voitures, etc., de la dépense morte, en un mot; mais ce fonds stérile n'est pas susceptible d'en acquitter le montant, et s'il est comme saisi par la loi, c'est parce qu'il fournit l'indication probable de la dépense active et annuelle. Qu'est-ce, d'autre part, que l'impôt indirect, sinon un droit prélévé immédiatement sur cette dernière dépense ? La différence entre ces deux charges fiscales consiste donc en ce que l'impôt mobilier prend un circuit plus long et s'exerce d'une manière plus vague. De ces deux termes de comparaison, on peut omettre le premier, car il n'est que de forme : en considérant le second, on doit reconnaître que l'arbitraire des agens, quel qu'il puisse être dans la formation du rôle mobilier, reste infiniment loin de compenser l'arbitraire de la loi même, tel qu'il existe dans la fixation de la taxe des sels par égale somme sur chaque tête. Quand la question est ainsi réduite, tout impôt mobilier, sans en distraire la taille, se montre en grande faveur aux yeux de la politique et de la morale.

Mais le pouvoir discrétionnaire effarouche la liberté; les formes l'emportent sur le fonds, et l'on consent plutôt à compromettre l'existence. Il faut se borner à parler de la capitation. Sa répartition est analogue à celle de la taxe des sels : qui a plus ou moins, paie de même : du reste, elle présente d'immenses avantages. Comme son tarif est fixe, l'esprit de lésine si naturel à la misère, si commun parmi l'ignorance, n'est plus sollicité à se réduire dans les emplois toujours lucratifs d'une denrée indispensable à l'entretien des forces et des produits; d'où il arrive que la dépense supportée par le particulier, ne peut jamais s'élever au-dessus du montant nominal de sa cote, et qu'elle est bientôt récupérée par les profits que lui assure l'usage libre de la denrée; tandis que l'effet de l'impôt des sels détermine la perte d'une part des bénéfices, qui devait amortir la charge.

1829, JUIN.

Les temps marchent : et dans ce siècle, dans notre pays, c'est au pas de course ; sans que l'autorité ait été jusqu'à présent douée de connaître, quand il fallait s'unir à leur mouvement, ni comment il était possible de tempérer leur tendance : et d'autant qu'elle s'est toujours comportée, de manière à outrer la vivacité de l'impulsion, tantôt par des faveurs et des complaisances, tantôt par une vaine colère et une folle résistance.

Dans l'ordre politique, dans l'ordre économique, les temps ne sont pas loin d'atteindre à ce terme, où le système bursal existant, ne sera plus supporté par les esprits, ne sera plus supportable pour les fortunes.

D'une part, la participation aux affaires publiques, par les moyens de la presse et des pétitions, et sous la forme des élections d'abord nationales, puis départementales, enfin municipales, porte aux individus la conscience de leur force, et prête aux partis un moyen d'union, d'alliance.

C'est au moment même où l'extension de l'indépendance de chacun, nécessite davantage l'action de la justice et de la puissance, que l'extension de l'influence, ou plutôt de l'autorité de tous, s'oppose à l'exercice de l'impôt, qui seul la garantit.

D'autre part, des faits matériels s'annoncent déja, s'affichent de jour en jour : soit la dissémination du sol, soit la concentration de la fabrique ; la première qui fonde une masse de propriétaires vivant par eux-mêmes et à part de tous autres ; la seconde qui jette une tourbe de prolétaires attachés à rien, et protégés en rien : résultats analogues, immédiatement ou indirectement provenus des causes les plus disparates.

Et de même les deux mouvemens travaillent à éclaircir les rangs peu nombreux de la classe moyenne, de cette classe où les ressources et les lumières se tiennent en juste mesure et presque au niveau, de cette classe dont l'existence fait l'Angleterre et l'Allemagne, la Suisse et la Hollande, dont l'absence fait l'Espagne et l'Italie.

Les deux mouvemens tendent à ne laisser dans le pays, qu'une rare opulence vis-à-vis une immense misère.

Dans l'ordre politique, les conséquences sont menaçantes ; sauf toutefois que la force occulte de réaction venant à la traverse, n'arrête soudain le cours des choses, et ne le retourne en sens contraire ; quant à l'un, par l'effet d'une famine ruineuse ; quant à l'autre, à la suite des faillites répressives.

Dans l'ordre économique, avant qu'elles se réalisent, et s'il se peut, afin qu'elles ne se réalisent jamais, c'est le lieu de se livrer aux plus graves, aux plus profondes réflexions.

La masse est faible en aisance, est forte en

puissance : l'équité, la nécessité, parlent d'accord, et disent de la soulager, de la ménager.

Mais d'autant la prescription est impérieuse, d'autant les difficultés sont hautes. Si l'intérieur éprouve une crise inouie, l'extérieur présente aussi des phases inconnues : tandis qu'au dehors, il est besoin d'entretenir le développement des forces, au dedans il n'y a moyen de se prêter à la réduction des subsides.

Les subsides doivent s'accroître en somme : et seulement le poids doit en être autrement réparti : c'est là où aboutissent, où se concilient les deux conditions obligatoires.

On peut apercevoir dans un avenir peu lointain, l'établissement d'un mode d'impôt, dont le nom fait peur ou fait horreur, bien que sous des formes simulées, il ait eu lieu en Angleterre lors de l'*income tax*, et en d'autres Etats par les taxes somptuaires, les emprunts forcés : l'établissement de l'impôt progressif.

Le mot est rude à l'idée : la chose sera moins dure en réalité.

En fait d'impôt, la controverse est généralement bornée à qui déboursera ou ne déboursera pas.

Or, où il n'y a rien, le Roi perd ses droits ; et où il n'y a que le nécessaire, il n'y a rien. Abstraitement, nulle opinion ne renie cette loi ; pratiquement, toute opposition se retirera devant la nécessité.

En nul état de choses, on ne doit prendre que

sur l'excédant, par delà le nécessaire absolu : et comme après ce point, de degré en degré, s'élève le nécessaire relatif, afin de ne pas l'abaisser au taux du nécessaire absolu, les taxes doivent être assises, en quelque rapport avec la gradation de l'excédant.

Dans l'ordre futur des choses, comme cet excédant, ne se rencontrera que dans un petit nombre de cotes, comme il ne montrera souvent qu'une très petite quantité disponible, la charge sera forcée à s'accumuler sur ces cotes, à s'aggraver suivant la progression de cette quantité.

Qu'en adviendra-t-il? Le mode diffère, la forme varie : le résultat est semblable.

Car l'excédant du nécessaire absolu ou relatif, étant dîmé au profit du fisc, en raison de sa gradation, d'abord les dépenses de luxe, puis les dépenses d'agrément diminuent.

Et la commande s'arrête, le marché s'encombre; la fabrique se retient : le travail manque d'emploi, baisse de prix.

Et par suite, une main d'œuvre moins coûteuse, des produits moins chers, relèvent le marché, rappellent la commande.

En sorte que l'excédant, qui s'énonce à la vérité, sous un moindre chiffre, s'échange en réalité contre des valeurs égales.

En sorte que l'acquit de la charge, est supporté en dernière analyse par le salaire même.

L'excédant a déboursé : le nécessaire rembourse.

L'impôt n'a été progressif que dans le fait des avances : il est proportionnel lors de la liquidation.

Les temps futurs porteront l'ordre : les temps présens ne portent que la prière.

La société a conservé quelque part des dépouilles de son enfance, et subit encore l'impôt anti-progressif, l'impôt rétrogressif, si cela peut se dire : qui s'exerce à rebours, en sens inverse de l'impôt progressif, qui se dissimule au lieu de s'afficher à son exemple, qui se découvre difficilement dans les nombreux subsides dont le mode entraîne cet abus.

L'impôt a, pour caractère général, de lever sur le produit et le profit, ou de prélever sur le revenu, sur la dépense, telle quotité, telle fraction des valeurs ou des sommes saisies.

En supposant que le prélèvement ait lieu sur le revenu, c'est-à-dire sur l'excédant net du profit, après la déduction du nécessaire ; dans l'opération de l'impôt progressif, la fraction est variable et s'élève de taux, en raison de l'accroissement successif de l'excédant, passant ainsi du dixième, au neuvième, au huitième, etc.

Au lieu que, dans celle de l'impôt rétrogressif, la fraction est invariable et se maintient au même taux, malgré la décroissance consécutive de l'excédant ; restant ainsi au dixième sur une recette qui atteint à peine ou même laisse à découvert le nécessaire absolu, comme sur une recette qui se prête à l'extension illimitée du nécessaire relatif, qui sollicite l'invention de faux besoins et de folles jouissances.

Alors les dépenses de luxe augmentées, commandent le travail en plus grande quantité et en soutiennent, en relèvent le prix, ce qui procure une pleine compensation pour les artisans de ce genre, et ensuite, apporte quelque adoucissement aux ouvriers destinés à fournir leur entretien.

Mais, quant à la masse immense d'êtres productifs qui se trouvent étrangers à la répartition d'une telle sorte de faveurs, et même d'êtres improductifs auxquels on ne peut retirer le droit d'existence, les dépenses de nécessité sont ainsi entamées, sont atténuées de manière à compromettre les chances de vie, à réduire la capacité des forces, à restreindre la formation des produits.

L'erreur est de bonne foi : une vague apparence la rend plausible, et une longue habitude empêche de la soupçonner.

Le mot de taxe proportionnelle semble emporter l'idée de justice relative. Et vraiment, en ne considérant que le chiffre de la somme, il n'y a rien de mieux que de percevoir 10 francs sur 100 francs, 100 francs sur 1,000 francs. Mais le chiffre est un signe abstrait ; la somme a un emploi réel : l'égalité à l'égard du signe, tourne en inégalité vis-à-vis l'emploi.

Cet emploi nécessaire s'accomplit au moyen

d'un prélèvement de valeur fixe, de pareille quotité, sur la plus forte et sur la plus faible somme: laquelle ne devient disponible pour le possesseur même, et n'est susceptible de la taxe proportionnelle, qu'après la déduction opérée.

L'exposition de quelques faits aura le double avantage de faire connaître la présence du vice qui se dérobe trop souvent à la pensée, et de faire sentir la gravité des conséquences qui sont trop vaguement appréciées.

Si ce n'était s'écarter du sujet, il faudrait s'élever contre cette tendance instinctive qui se rencontre également sous les régimes monarchique, aristocratique et démocratique, non pas d'imposer formellement, mais bien de laisser retomber sur la médiocrité et l'indigence même, une charge comparativement plus lourde : ainsi que cela résulte des droits fixes d'enregistrement, de timbre, de greffe, et de la contribution personnelle en sorte de capitation, etc., etc.

Ensuite on peut citer l'impôt des portes et fenêtres, lequel est assis en proportion des ouvertures du logis, et est acquitté en disproportion des moyens d'aisance, des besoins d'usage.

Mais une injure plus choquante, une injustice plus marquante, appellent, absorbent l'attention.

Il existe une contribution foncière : le principal est de 150 millions ; auxquels doivent s'ajouter 50 millions pour les centimes du budget, et 50 millions pour les dépenses de département.

Le nombre des contribuables est de quatre

millions cinq cent mille, dont cent mille paient 300 fr., quatre cent mille paient 100 fr., et quatre millions paient 12 fr., sur le principal, terme moyen.

Ne parlons pas de la classe intermédiaire : comparons seulement les deux extrêmes.

L'estimation des terres a-t-elle été opérée, en raison du produit ou du profit, ou du revenu ; et en tout cas, d'après le même mode, pour les tenues à bail, à moitié, à bras?

Probablement, l'expertise se sera laissé éclairer quant aux unes, à la vue des contrats de ferme qui constituent le revenu ; au lieu qu'à l'égard des autres, elle aura été influencée par l'aspect d'une culture soignée, qui promet les plus riches produits.

Ce qui porterait quelque faveur à la première classe qui possède les tenues à bail, quelque préjudice à la dernière qui laboure les tenues à bras.

Sans s'y arrêter, supposons que la cotisation est vraiment proportionnelle et que la quotité contributive monte au sixième de la valeur qui a été prise pour type commun.

Là, gît le vice.

Encore faut-il se nourrir aujourd'hui, pour travailler demain, pour produire après demain.

Il y a donc à distraire, sur la valeur quelconque, le montant du nécessaire : et au cas que le profit ait fourni le type, s'il est estimé à deux, si le nécessaire est porté à un, le résidu ne présente plus qu'un.

En payant le sixième sur le chiffre brut 2, on paie le tiers sur le chiffre net 1; en payant le sixième sur le chiffre brut 6, on ne paie que le cinquième sur le chiffre net 5.

Et la cotisation est proportionnelle quant à la valeur apparente, est disproportionnelle quant au résidu effectif: et la taxation se montre nominalement égale, se trouve réellement inégale.

En principe, c'est un pas rétrograde devers l'enfance des sociétés, où le tribut était levé sur le produit, que de le prélever ainsi sur le profit et non sur le revenu.

En résultat, c'est un tort grave envers la dernière classe, dont la quote part au taux de 50 millions sur le principal, et de 80 millions sur le total de la contribution foncière, devrait être réduite à moitié environ, à 40 millions.

Attendez cependant: à cette surcharge de cent pour cent, il vient s'adjoindre une autre charge de cent pour cent aussi.

Parmi les quatre millions de petits propriétaires, tout père de famille imposé par moyen terme, a 20 francs au lieu de 10 francs, représente avec sa femme et ses enfans, devers cinq personnes.

Or, le fisc rencontre une denrée, la plus nécessaire après l'aliment, et souvent nécessaire à l'aliment même, dont la consommation obligée est égale pour chaque existence, est plutôt supérieure d'après la mal-aisance.

On ne peut la taxer, qu'en manière de capitation, qu'en raison d'un tarif uniforme et fixe par tête, soit que le revenu s'élève au plus haut degré, soit que le profit reste au pair ou en arrière du nécessaire.

Qu'importe? il y aura à payer, sous le prétexte de la dépense en sels, au moins deux francs par tête, au moins dix francs par famille.

Il y aura à prélever 10 francs, trop souvent sur le nécessaire absolu, et toujours sur le nécessaire relatif le plus restreint; encore 10 francs à titre de contribution indirecte, en sus de 10 francs à titre de contribution foncière.

C'est-à-dire que quatre millions de familles qui d'après la cote moyenne de vingt francs d'impôt, possèdent en valeur de prix de ferme, environ 500 millions de rente entre toutes, environ cent vingt francs de rente à chacune, subviendront, par delà le taux d'une répartition justement assise sur le profit net ou sur le revenu réel, chacune à part d'une somme de vingt francs, toutes en masse d'une somme de quatre-vingt millions.

Voilà comment l'impôt dit proportionnel, devient disproportionnel, devient rétrogressif.

1830, JANVIER.

« Le mot de contribution porte sa définition : il exprime le tribut que fournissent en commun les sujets de l'Etat au trésor de l'Etat, au moyen d'un prélèvement proportionnel sur leurs revenus ou profits respectifs.

« Là où ces conditions manquent, il n'y a plus de contribution : il y a confiscation, c'est-à-dire saisie exercée à l'ordre du fisc, d'une portion des revenus ou des profits de telle personne, de telle classe, au-delà de la quotité relative. » (*De la Mine de Sel Gemme*, 1825.)

En dehors du prélèvement proportionnel, en sus de la quotité relative, finit la contribution et commence la confiscation.

Mais à quoi s'adapte celui-là? en quoi consiste celle-ci? Autrement, quels sont les revenus, les profits qui s'offrent pour bases à l'un et à l'autre?

L'homme vit de la chose. Si la chose est atteinte à un certain point, elle ne lui suffit plus : il n'a que demi-vie, ou même il cesse d'avoir vie.

La chose, en tant qu'elle est indispensable à la vie de l'homme, doit donc être respectée, ne peut être entamée par l'impôt.

Et cela que chacun reconnaît, n'est jamais observé. La chose affecte les sens, absorbe l'attention : on ne perce point à travers pour pénétrer jusqu'à l'homme.

Puis la chose est identique, soit qu'elle s'offre en masse ou par fragmens : l'idée ne vient pas de discerner ces différentes conditions; la conscience s'endort sur ce que le prélèvement est proportionnel.

C'est prendre la forme pour le fond et l'ombre pour le corps. La chose n'est rien; l'emploi est tout. Chez les sauvages, le diamant reste une pierre, à défaut d'usage.

L'emploi, l'usage sont seuls à considérer : il faut voir si la chose à laquelle ils s'appliquent, est supérieure, équivalente ou inférieure aux besoins de la vie.

La destination de la chose est sacrée : tant que les fins ne sont point accomplies, la chose se confond avec l'homme : l'homme préserve la chose.

« L'homme est investi à l'instant de sa naissance et comme par un titre originel, du droit de vivre : et ce droit inhérent, indélébile, le suit sous toutes les formes de société.

« Les nécessités de la vie, n'entrent point dans la mise du fond social, ne ressortent point des lois fiscales.

« La matière imposable n'existe que dans la rente; c'est-à-dire dans le revenu libre et disponible, qui s'établit sous la double déduction des frais consommés dans la production de l'œuvre, et des dépenses obligées pour la reproduction du travail. » (*Quelques vues sur les finances*, 1815.)

Cette expression de la reproduction du travail, est identique avec celle de l'entretien de l'existence.

Le travail crée sinon la matière, au moins la valeur : le travail est comme un capital intelligent qui seul fait valoir les capitaux matériels.

Or l'homme est le porte-travail.

S'il pâtit en sa vie, il perd de la force, il faillit à la tâche.

D'abord la valeur à créer par l'être même, puis la valeur à naître de cette valeur, s'amoindrissent.

Et si la souffrance s'aggrave jusqu'à ébranler l'existence présente, jusqu'à étouffer les existences futures, les pertes de la société sont indéfiniment progressives.

Ainsi la maxime est également capitale, en point de fait et en point de droit : la politique se trouve d'accord avec la morale.

Qu'y a-t-il donc contre ? Sans doute quelque obstacle inhérent, essentiel à l'espèce humaine ; car partout et toujours, la règle est violée.

Rien moins que la niaise routine, la honteuse paresse, la crasse ignorance.

La matière imposable n'existe que dans le revenu disponible ; après la distraction des frais de l'œuvre et des dépenses de la vie.

On admet le premier point en principe; on omet d'y tenir en pratique.

On ne récuse pas le second : seulement on n'y songe pas; on ne l'apprécie pas; à plus forte raison, on ne l'accomplit pas.

A son égard, la vérité sera rendue en quelques mots; et l'oreille se fermera peut-être au-devant d'elle.

Deux cas se présentent :

Tantôt il y a un faible excédant de revenu disponible : et déja l'impôt a tort de l'attaquer dans la même proportion, que les forts excédans.

Tantôt il n'y a point d'excédant au-delà des nécessités; ou même il y a insuffisance : l'impôt a plus de tort encore.

Alors l'impôt devient anti-progressif, rétrogressif, car il faut un nouveau mot : c'est-à-dire qu'il s'exerce dans un sens inverse, suivant un mode contraire, par rapport à l'impôt progressif.

L'impôt progressif élève le chiffre de la fraction contributive; en raison de l'intensité de l'excédant, du dixième, au neuvième, au huitième.

L'impôt rétrogressif conserve le chiffre, en dépit de l'atténuation de l'excédant et même de son anéantissement.

S'il n'y a pas d'excédant, si les rentrées sont équivalentes aux nécessités de la vie; l'impôt avec son taux fixe et son prélèvement proportionnel, dérobe une part des nécessités.

Si en place d'excédant, il y a un déficit, ou si

les rentrées sont inférieures aux nécessités, il dérobe une part de plus en plus forte.

Et l'impôt est spoliatif, en prenant en dehors de l'excédant ou de la matière imposable.

Il est rétrogressif, en prenant d'autant plus sur le fond des nécessités, à mesure du degré d'insuffisance.

Il convient de faire une observation, qui ne viendrait jamais en tête, aux gens des villes et surtout des bureaux; dont l'idée est confinée comme entre quatre murailles.

Plus que tout autre pays, la France est divisée en zônes tranchées, quant aux moyens de fortune.

L'industrie ne fait de l'Angleterre qu'une ville : l'agriculture laisse toute l'Allemagne, une campagne.

En France, il y a ville et campagne : ou pour mieux dire, il y a les régions de ville, les contrées de campagne.

Prenez autour de Paris, un cercle de trente lieues de rayon; autour de Lyon, Bordeaux, Rouen, etc. un cercle de dix lieues :

Ajoutez-y quelques provinces, l'Alsace, la Flandre, la Normandie, la Bourgogne, etc.

Mettez le reste en bloc.

Les régions privilégiées sont au-dessus des autres, quant à la sorte de l'aliment, du vêtement, du logement; plutôt encore qu'à l'égard de la facilité de se procurer ces besoins.

La dépense plus forte, reste assez en même proportion, avec les salaires et les profits plus hauts : il y a plus de jouissances et non plus d'aisance.

Seulement l'argent est plus abondant, plus circulant qu'entre d'autres lieux.

En choisissant les frais de subsistance pour type, ils coûtent ici douze et quinze sous par jour, ailleurs cinq et trois sous.

De là l'impôt qui se perçoit sous le même chiffre fractionnaire, pèse au triple ou au quadruple dans les contrées lointaines.

Qu'est-ce, disent les gens des villes, des bureaux, que douze francs d'impôt foncier et douze francs de la taxe des sels?

Eh! mais, ces deux fois douze francs, ces vingt-quatre francs, n'équivalent ici qu'au cinquantième du nécessaire de la famille, et ailleurs équivalent au douzième.

Il y a 24 francs à prendre sur 1200 francs, ou à prendre sur 500 francs.

Les droits fixes de toute sorte, et les portes et fenêtres quant aux chaumières, doivent être négligés, à raison de l'importance des deux derniers points.

Quatre-vingt millions d'impôt foncier sont perçus sur quatre millions de cotes.

Les quatre millions de cotes se rapportent peut-être à trois millions de propriétaires, dont trois cent mille paient au-dessus de 80 francs, ce qui donne à déduire environ trente millions.

Cinquante millions seraient acquittés par le reste, au moyen terme de 18 francs.

Voilà un nombre de pères de famille, qui représentent douze ou quinze millions d'individus.

Faut-il qu'ils vivent?

Que faut-il pour qu'ils vivent? Justement pour quatre êtres, dans les contrées défavorisées, autant que pour un seul être des régions privilégiées.

C'est cent écus, généralement parlant, dont vingt-cinq écus s'emploient en achats; car le petit propriétaire vit aux trois quarts de ses produits.

Or, sur ces vingt-cinq écus, il y a à prélever six écus pour l'impôt, ou le quart.

Tandis qu'autre part, la dépense totale coûte douze cents francs, dont un tiers ou quatre cents francs en écus.

Et sur ces quatre cents francs, le même impôt ne s'élève pas au vingtième.

Sans dire qu'il y a moyen de se réduire à une nourriture plus basse, de sorte à lier les deux bouts de l'année.

Nous ne sommes pas rendus.

Ici on doit adjoindre aux quinze millions d'individus se nourrissant du sol, environ dix millions vivant de leur travail.

Il tombe aux premiers une nouvelle charge de deux à trois francs par tête, de douze francs par famille, une charge de même fixe, soit que la vie revienne à 240 francs ou à 60 francs.

Encore, au sein des régions riches, cette somme de douze francs par famille, n'emporte qu'une fraction insensible des frais généraux de la vie, qu'un trentième de la dépense en écus.

Mais dans les immenses contrées où la famille subsiste pour 300 francs, ladite somme enlève le sixième de la dépense en écus, qui est transféré à l'ordre du fisc, au lieu d'être rapporté en emplettes au logis.

Et pour redîmer les quinze millions de propriétaires, les dix millions de prolétaires, il suffirait de faire payer le sucre cinq sous de plus par livre, le calicot un sou et demi de plus par aune.

C'est-à-dire que vingt-cinq millions d'êtres les plus laborieux, les plus misérables, seraient quittes, au moyen de ce que cinq millions fourniraient à volonté et suivant l'aisance, 10 francs par tête, terme moyen.

N'est-ce pas le cas de dire qu'en économie politique, raison n'est que comparaison.

D'une part, la vie menant à sa suite le travail, et semant sur ses pas les produits, est restreinte en tout temps, est compromise en cas de malheur ou de maladie, ou de disette.

D'autre part, la jouissance est à peine renchérie; et n'est pas affectée pour une certaine fortune, n'est atténuée que d'un sixième, d'un dixième dans la mince aisance.

Au premier coup d'œil, l'impôt foncier est moins onéreux que la taxe du sel : en ce que les contribuables possèdent au moins un asile et retirent de la terre, quelque portion de leurs nécessités.

Mais il faut mettre en ligne, les frais de saisie et de contrainte, qui peuvent aggraver la taxe et altérer les moyens de culture ou même entamer le fond du bien.

Tellement qu'en tout état de choses, un large fond de dégrèvement doit être établi, être réparti avec scrupule.

Du reste, comme il y a identité dans l'individu soumis à l'une ou l'autre charge, en quelque sens qu'il soit dirigé, l'allègement est également profitable.

Et en portant sur la taxe du sel, la décharge n'est point exposée à l'arbitraire, n'est point limitée à la classe des propriétaires.

De plus, pour cette dernière classe, l'avantage ne se borne pas à ce qu'il soit enlevé de la bourse, quelques écus de moins.

En abolissant la taxe, l'Etat rend ou laisse mieux que des écus, le plus souvent destinés à la consommation finale.

Il rend ou laisse des moyens appropriés à la fois, à soutenir les forces et entretenir la santé, à donner du travail et jeter des produits de sorte végétale et animale.

Car les sels revenant à leur prix naturel, on

n'est plus tenté ou plutôt contraint d'en faire épargne, dans les emplois de la nourriture et de l'agriculture.

Au contraire, on est invité à en accroître l'usage, afin d'être capable de subvenir à l'impôt et d'autant qu'il est difficile d'y subvenir.

Si bien que plus l'impôt est exorbitant, plus leur libération devient indispensable.

Sans parler de la liberté des emplois les plus lucratifs, il y a bénéfice pour les petits propriétaires, à ce que la portion de la taxe des sels incombante à leur compte, soit acquittée par une addition à l'impôt foncier.

Suivant que l'idée en a été donnée dans les écrits sur la matière imposable et a été présentée à la tribune par le comte de Thiard, le calcul s'établirait ainsi.

Cette classe comprend quinze millions d'individus et par conséquent paie la moitié de la taxe, environ trente millions.

La recharge d'un dixième sur l'impôt foncier, qui monte en total à deux cent cinquante millions, approche fort de cette somme.

Or la capitation exercée par les voies de la taxe du sel, est de douze francs par famille.

D'où, pour les cotes de vingt francs, il y aurait deux francs de recharge, douze francs de décharge ; bénéfice de dix francs.

Pour les cotes de quarante francs, quatre francs

de recharge, douze francs de décharge; bénéfice de huit francs.

A la cote de 120 francs, la recharge étant de douze francs et la décharge de douze francs, il y aurait balance.

A la cote de 240 francs, il y aurait sacrifice de douze francs; à la côte de 480, sacrifice de trente-six francs; enfin à la cote de 960 francs, sacrifice de 84 francs.

La perte commence à pouvoir être chiffrée à la cote de 240 francs, sur une fortune de 1,500 fr.; dont un tiers étant disponible, est réduit de 500 francs à 488 francs.

La perte devient d'un certain poids en apparence, à la cote de 960 francs, sur une fortune de 6,000 francs; dont les deux tiers étant disponibles, sont réduits de 4,000 francs à 3,916 francs.

Et le gain, à la moyenne cote de 20 francs, sur un bien de 120 francs, est de dix francs; qui ne tombent même pas en disponibilité, qui remplissent à peine quelque vide des nécessités.

L'autre moitié de la taxe des sels est payée par la population restante, où se rencontrent les dix millions de prolétaires.

La charge est moins lourde dans les villes, à cause du non usage des bouillies; la décharge sera partout moins profitable, à défaut d'un emploi productif des sels.

Cependant cherchons les moyens de remplacement pour les trente millions fournis de ce bord, car l'abolition ne doit pas être partielle.

En outre de la contribution foncière des maisons de ville, qui monte à peine au vingtième; en premier lieu, se présente la contribution mobilière.

Et quelle matière imposable! dont les prélèvemens tendent à prévenir l'entassement des hommes, et parviennent à atteindre la classe capitaliste ou rentière, et s'opèrent sans frais, sans risques, sauf pour les basses cotes.

Il ne manque que d'apprécier les élémens, d'organiser le mécanisme, et d'en remettre l'exercice aux corps municipaux.

Ces deux contributions doivent produire quinze millions d'excédant.

Quinze millions resteraient à pourvoir.

Déja ils sont perçus par une capitation réelle, sous un faux titre, et non sans fraude.

Mieux vaudrait parler vrai, marcher droit.

Ici, s'offre, en second lieu, la contribution personnelle, laquelle ne diffère que par le nom, de l'ancienne capitation.

Qu'on la détache de la contribution mobilière, et qu'on l'étudie, qu'on l'établisse à part.

En fait d'impôts, il importe de bâtir sur des fondemens depuis long-temps consolidés, en étendant peu à peu l'édifice.

Seulement la charge serait mieux répartie, en n'y soumettant que les hommes en état de travailler, et tout au plus les femmes valides, au tiers des hommes.

On trouvera dans divers écrits, d'autres moyens de remplacement de la taxe des sels :

Soit les droits de barrière et les droits d'octroi qui, frappant loin de l'acte de la production et près du fait de la consommation, ne les appauvrissent, qu'au même point qu'ils enrichissent le trésor. (*De la Matière imposable*, page 27.)

Soit le changement des patentes fixes, en licences proportionnelles à l'intensité du commerce, et l'application des licences aux artisans de la consommation vitale, aux agens des transactions sociales. (Page 36.)

Soit les droits de mutation par vente ou par décès; ceux-là qui sont appropriés à la crise de hausse des biens; ceux-ci qui n'atteignent qu'au moment d'une rentrée fortuite. (Page 51.)

Soit les droits de douane qui sont prélevés en partie sur l'étranger, qui tendent seulement à hausser d'un cinquième et d'un dixième, des objets d'utilité plutôt que de nécessité. (*Des Douanes*, etc.)

Soit le retrait du fonds d'amortissement, lequel n'aurait d'autre inconvénient que d'offrir quelques millions de plus sur le grand-livre, et quelques francs de moins au bulletin de la bourse. (*Du Remboursement*, etc.)

Soit la réforme de la faveur dont jouissent les

denrées coloniales, laquelle est attribuée au profit de deux mille habitans, et serait mieux appliquée à la décharge de vingt-cinq millions de Français. (*De quelques Révolutions dans l'ordre économique.*)

Or, si le choix ne se fait pas, entre ces moyens qui tous, sont préférables :

C'est que l'esprit humain qui dans ses crises de fougue et de furie, attaque, renverse et détruit tout ce qu'il y a de plus sacré ; lorsqu'il reste ou retourne à l'état de calme, enchaîné par la routine, ou entravé par la paresse, ou empêché par la crainte, ne sait ni voir, ni juger, ni agir : conservant ce qui est, quand même cela ne devrait pas être, et repoussant ce qui doit être, seulement parce que cela n'est pas.

1830 MARS

Cependant la science fiscale, au lieu de se diriger vers les fins bientôt commandées, est encore fort éloignée de prévoir et surtout de prévenir l'avènement du désastre.

Au contraire, engouée de la plus vaine manie, enflée des plus folles idées, elle précipite le mouvement de l'industrie à la mécanique, elle favorise la tendance à l'amoncèlement des richesses.

S'aveuglant sur les résultats sensibles, s'irritant contre les vérités évidentes, s'évertuant à simuler des motifs absurdes pour dissimuler le principe manifeste.

Et ne voulant pas même entendre les paroles de M. Baring, qui s'écrie, que d'arracher le travail de la main et de l'opérer à l'aide des machines, cause un grand dommage individuel, qui ne peut être trop déploré.

A Dieu ne plaise que l'espérance souffle la tentation de la ramener, soit à tempérer les causes, soit à neutraliser les effets.

C'est dans des vues plus restreintes, que l'exposition est faite ici, de ce système de rotation des impôts :

De ce mode d'assolement, par lequel, à l'instar de la science rurale, qui sait alterner à propos,

4

les diverses sortes de culture, la science fiscale, devrait aussi alterner au besoin les diverses sortes de subsides.

Qu'on n'en vienne pas d'abord à l'impôt progressif : la nécessité ne s'est pas exprimée encore de ce ton impérieux qui se fait obéir.

Mais la nécessité, bien que d'une voix moins éclatante, parle déja dans les conséquences résultantes de certains impôts.

A leur égard, ce système, ce mode sont invoqués, sont requis, non pas à l'effet de rétablir l'équilibre parfait, mais seulement de réparer les brèches les plus funestes.

Il importe de comprendre enfin que la valeur monétaire, qui varie d'un siècle à l'autre, quant à l'échange contre les valeurs réelles, varie aussi de province en province, et de la ville à la campagne.

En prenant pour type, le prix des valeurs assignées à l'entretien de la vie, comme cela est naturel, le rapport de la valeur monétaire, passe de un à deux, à trois et à quatre.

C'est-à-dire que la vie appréciée en écus, vaut ici dix, douze et quinze sous, et là huit, cinq et trois sous ;

D'où l'impôt perçu au même chiffre, enlève en fractions de vie, ici le dixième, le douzième, le quinzième, et là le huitième, le cinquième, le tiers.

De plus, dans les mêmes contrées où la vie est au plus vil prix, les nécessités sont généralement remplies, au moins quant aux campagnes, par la préhension des denrées en nature, et sans l'entremise du signe monétaire.

En sorte que pour subvenir à l'impôt, il faut, à parler vrai, faire des écus, les faire à tout prix, et souvent hors de propos.

Tantôt en aliénant une part du fond de la subsistance, ou des instrumens de travail; tantôt en échangeant à perte, des produits de l'ordre végétal ou animal.

En quoi apparaît cette choquante anomalie; que le mode actuel de l'impôt, au lieu d'offrir un perfectionnement, présente une détérioration, par rapport à l'ancienne coutume de la dîme :

Car la dîme, en modifiant le chiffre fractionnaire, à raison du coût de la main-d'œuvre, ne saisit en tout lieu, qu'une portion relative des récoltes.

Et même qu'il supporte à peine le parallèle avec l'impôt sur la mouture :

D'autant que celui-ci, par une exception propice, n'atteint pas les peuplades misérables qui se repaissent de bled noir et de maïs, de patates et de châtaignes.

C'est une erreur trop commune de la loi, de concevoir, de combiner à part, chacune de ses prescriptions, n'appréciant que son effet isolé, circonscrit, qui seul serait supportable peut-être :

Et ne considérant point qu'elles portent tour à tour, sur telle personne ou telle contrée, laquelle déja vexée et pressurée par l'une, se trouve impuissante à satisfaire aux autres.

Un exemple frappant en apparaît ici.

Ou l'impôt est tarifé sous un chiffre fixe et absolu; comme pour le timbre, l'impôt personnel, les ports de lettres, la taxe du sel en tant qu'indispensable à la vie :

Ou l'impôt est fractionnaire sous un chiffre relatif et proportionnel; comme pour les contributions foncière et mobilière, et pour les droits de consommation sur des substances étrangères aux nécessités.

Il convient de mettre à part ces derniers droits, qui sans les frais de perception, les risques de contrebande et les gênes de la circulation, seraient sans doute préférables à toutes les taxes.

Au contraire, l'impôt mobilier, et surtout l'impôt foncier, à l'égard des petits contribuables, méritent d'appeler la plus scrupuleuse attention.

Leur chiffre est fractionnaire : la part prélevée par le fisc, est proportionnelle à la somme possédée par l'individu.

Mais qu'est-ce qu'un prélèvement proportionnel, qui en s'opérant sur un infiniment grand, le laisse intact à ce titre; et en s'opérant sur un infiniment petit, le fait passer dans un ordre inférieur?

Et ce n'est pas même un infiniment petit; c'est purement et simplement un zéro, quand l'actif en moyens se trouve équivaloir au juste avec le passif en besoins.

A bien dire, la fraction n'a plus où s'exercer ; l'impôt n'a rien à appréhender. L'appel est fait au nécessaire; une part est soustraite à l'insuffisance.

Il faut ravir une fraction aliquote de la vie même ; il faut restreindre la portion incombante à l'entretien, et la restreindre en proportion forcée de son exiguité.

D'autant qu'il y avait moins, d'autant il restera moins encore.

N'est-ce donc pas un impôt progressif à rebours, un impôt vraiment rétrogressif ?

A l'égard de l'impôt tarifé, il parle lui-même et ne laisse rien à dire.

Seulement on doit observer que pour le timbre, les occasions sont fortuites et rares ; que dans l'impôt personnel, l'indigence est exempte.

Ce dernier trait porte plus que tout encore, la condamnation de la taxe du sel.

L'un et l'autre ne sont qu'une capitation : et là, elle est mitigée ; ici, elle est aggravée.

Quant au premier, la loi déclare que celui qui n'a rien, ne doit rien : quant à la seconde, la loi prononce que celui qui a le moins, doit le plus.

Car le besoin de la denrée augmente en rapport de la mauvaise nourriture.

La loi établit aussi une exception, toujours au sujet de la classe indigente ; non plus pour ne payer rien, mais plutôt pour payer tout ou presque tout.

Car cette classe formant les cinq sixièmes de la population, sauf qu'elle ne se prive, paie cinquante millions et plus sur soixante millions.

Le principe de l'impôt appréciatif, n'est pas susceptible de contestation.

Et comme le cours du temps et les coups du sort font varier la matière imposable, en sa sorte, en sa place, en sa masse; le mode de rotation des impôts en est déduit comme une conséquence obligée.

Mais le remaniement général des taxes requiert une longue suite d'études et d'épreuves; l'analyse même est soumise au contrôle de l'expérience.

En ce moment, il ne doit être question que de certains points, où la violation du principe se montre à la fois et plus frappante et plus choquante :

Non sans prendre le soin de mettre en parallèle, les décharges à accorder et les recharges à imposer, de manière à conserver la balance.

Or ces points viennent d'être établis.

Il existe une monstrueuse iniquité, qui, ce semble, n'a pas encore été rendue avec ses vraies couleurs.

L'impôt étant exprimé en chiffre fixe, étant établi en valeur monétaire, affecte dans une proportion double, triple et quadruple, suivant le rapport variable de cette valeur avec les valeurs assignées à la subsistance.

La valeur monétaire ou le numéraire ne présente qu'un signe d'échange, ne constitue point une richesse absolue ou du moins une richesse réelle.

Aux premiers temps, ce signe n'apparaît même pas, attendu que l'entretien de la vie s'accomplit encore avec les produits du sol.

En certains lieux, et surtout dans les contrées misérables, il apparaît à peine, quant au petit propriétaire, ainsi qu'à l'égard du fermier.

Tellement que la coutume des baux à moitié fruits y prévaut; et que pour ceux en argent, le bailleur est contraint à guetter le moment de la rentrée du prix d'une vache ou d'un cochon.

L'éligement est difficile suivant l'expression du pays : laquelle rend cet état de choses où chacun vit de son avoir propre, ayant de même peu à acheter et peu à vendre.

Comme aussi l'existence est fort inégale et parfois incertaine ; suivant que la production passe de l'abondance à la rareté.

C'est sous le coup de ces rudes conditions : celle-ci où il y a souvent manque des nécessités ; celle-là où il y a toujours défaut de numéraire, que l'impôt survient avec ses exigences à taux fixe, à terme fixe.

Tandis que dans les régions favorisées, la suffisance de la vie est garantie, au moyen des épargnes, des salaires ou des profits ;

Et que la méthode d'échange des produits superflus, y entretient une circulation permanente du numéraire.

Eh bien! toutes les charges fiscales, sont numériquement identiques dans l'un et l'autre cas.

Le timbre et l'enregistrement s'exercent au même tarif ou sous la même fraction.

Les portes et fenêtres, les contributions mobilière et foncière se perçoivent dans la même proportion.

A la vérité, les patentes, la loterie et la poste, enfin les droits de douanes ne viennent point en charge, par la raison que le dénuement se refuse à l'usage des commodités analogues.

Mais en revanche, la taxe du sel arrive en surcharge, à cause que sa consommation est commandée en plus forte quantité.

Ainsi, les deux vices capitaux de l'impôt s'allient étroitement et s'aggravent réciproquement.

L'un qui consiste à opérer sous le même chiffre du signe monétaire; bien que ce signe hausse de valeur quant au coût de la vie, et augmente de rareté dans l'absence des échanges.

L'autre qui réside en ce point, d'infliger, soit au moyen d'un tarif pareil, soit par la voie d'une fraction semblable, une charge progressivement plus pénible, en raison de la malaisance d'abord, et puis de la misère même.

A ces titres, l'impôt foncier quant aux petites cotes et la taxe du sel dans les campagnes, se montrent au premier rang :

Avec cette différence dans les résultats, que l'impôt dont la perception est forcée, entraîne trop souvent la déperdition du fond d'ensouchement, par la vente au rabais des instrumens ou des produits :

Que la taxe à laquelle on peut s'esquiver, occasione plutôt la privation d'une denrée indispensable à l'existence et favorable à la production.

S'il n'y a moyen de porter quelque allègement de l'un et de l'autre bord, il faut considérer que le double dommage frappant sur les mêmes individus, c'est chose indifférente que le remède s'applique ici ou là.

Et il faut remarquer qu'entre la déperdition du fond et la privation de la denrée qui nuisent également, la première ne se rencontre pas communément et constamment comme la seconde.

Or, à l'égard de l'impôt foncier, pour amortir le coup subi par les petites cotes, il n'apparaît que la ressource d'un large fond de dégrèvement, à répartir en raison de la dureté des saisons :

Car dans cette classe, le nécessaire est généralement couvert par le produit, une année portant l'autre, en sorte qu'il y a un excédant après les bonnes récoltes, comme un déficit après les mauvaises.

Mais cette méthode ne présente qu'un palliatif, et ne se sauve pas de l'arbitraire ; tandis qu'au sujet de la taxe du sel, il s'offre un véritable spécifique.

C'est donc en ce sens, que les prescriptions commandées par la morale et la politique ont à s'accomplir.

Encore il convient de limiter ses vœux, de se contenir dans le cercle le plus étroit, de ne proposer à bien dire, qu'une expérience.

Dans le changement des impôts, le jugement est balancé entre l'attrait des profits et la répugnance des pertes.

Deux motifs qui rationnellement sont du même poids et effectivement n'ont point la même influence.

La considération du bénéfice étant de sorte éventuelle et par conséquent équivoque, atteint à peine et ne décide pas.

Au lieu que l'appréhension du sacrifice ayant un caractère plus précis, plus positif, frappe et repousse fortement.

En outre, dans la matière des sels, il y a des avantages de premier et de second ordre : d'abord de satisfaire aux besoins de l'existence, puis de se prêter aux emplois de la production.

Et comme le plus important s'obtient en la manière la moins coûteuse, les vœux et les espoirs se confondent en sa faveur.

Au moins c'est faire un pas; c'est entrer dans la route : à l'exemple de l'Angleterre qui commença par réduire, qui finit par abolir la taxe du sel.

Les prétentions se bornent à réclamer la fixation de la taxe à un sou par livre ancienne, à dix francs par quintal métrique, sauf l'exception des villes.

Certes elles auraient droit à s'élever au-dessus; ou plutôt elles n'auraient pas besoin d'être élevées, si la routine et la paresse ne travaillaient à paralyser l'exercice des facultés intellectuelles.

Il faut que l'esprit faillisse dans ses opérations les plus simples, les plus naturelles, celles de l'induction et de la déduction.

La lumière éclaire quant au principe : les yeux se ferment à l'égard des conséquences.

Ainsi on porte un scrupule extrême à livrer les sels quittes des droits, aux fabriques et pour les pêches, même à rembourser les droits à la sortie des salaisons.

Mais est-ce donc que le montant des retours obtenus en échange de l'étranger, paraît plus précieux que l'emploi de la subsistance, portant à l'indigène des forces et des jouissances?

Et s'il y a une immense différence entre le sacrifice de la restitution et celui de la libération du droit; aussi n'y aurait-il pas justement la même différence, entre la quantité exportée et la quantité consommée?

Mais est-ce donc que l'aliment de la morue, vraiment avantageux à la classe pauvre, se montre essentiellement préférable à l'aliment des beurres et des viandes salées?

Et lorsque la faveur accordée au premier, profite seulement à quelques provinces du Midi, ne serait-il pas plus convenable et plus utile, que toute la France fût gratifiée de la justice exercée envers le second?

Mais est-ce donc que la production de la soude se tient hors de toute comparaison, devant les produits de sorte animale et végétale, que le sol ne demande qu'à porter?

Et vis-à-vis la modicité du capital et du travail absorbés par la fabrique de la soude, n'y aurait-il pas lieu à observer dans quelle immensité, l'un et l'autre seraient commandés quant au bétail, quant à l'engrais.

Sous un autre rapport, on se plaint amèrement du tribut à payer à l'étranger, pour l'importation d'une quantité considérable de matières consommables.

On aspire ardemment à prendre sa revanche au plus tôt, en lui fournissant au contraire ces mêmes matières, qui toutes dépendent de la production agricole.

Et par le plus étrange travers, on se refuse à libérer ou du moins à dégrever, la substance dont la vertu productive s'exerce en tant de façons, sans rencontrer aucune limite, sans être remplacée par aucune autre.

En dernier lieu, on creuse des canaux à grands frais; on songe à rendre les routes frayables; on s'empresse à raviver la circulation intérieure.

Et on n'apprécie pas un mouvement de trois à quatre cent mille tonneaux, au moyen terme de cent lieues, provenant de l'excédant de la consommation des sels.

Or, c'est folie déja à un haut degré; quand même il s'agirait d'abolir la taxe en totalité, autrement de la transférer sur quelque autre matière imposable.

Ce serait folie à un degré encore plus exorbitant, s'il n'était question que de l'alléger, que de réduire les recettes de 20 ou 25 millions, autrement de réimposer cette somme par un mode différent.

Ce serait folie à un degré incommensurable, s'il apparaissait qu'aucun dommage appréciable n'en résulterait, pour peu qu'il plût de faire un juste choix entre les moyens présentés.

1830, SEPTEMBRE.

Les maximes de l'ordre économique, subsistent à travers les phases de l'ordre politique.

Qu'il y ait une constitution monarchique ou une monarchie constituée, l'intérêt, le devoir ne changent pas.

L'intérêt de la richesse nationale, le devoir de la justice relative qui se rallient étroitement, commandent de même.

Comme aussi, ils sont également sujets à être méprisés.

Deux causes, celle-ci intellectuelle, celle-là matérielle, militent à leur encontre.

En premier lieu, l'esprit de système, l'instinct de routine, qu'entretiennent la vanité et la paresse, exercent une influence occulte:

L'un et l'autre ayant le vice radical de poser des principes fixes, stationnaires; alors que les faits se montrent variables, progressifs.

Vainement les siècles passent.

En politique, on est sourd à l'expérience des temps: en économie, on est aveugle à la nouveauté des faits.

Là, on se hâte, on se précipite vers un avenir encore à naître: ici, on s'arrête, on recule devant le présent déja accompli.

En second lieu, les sens ne sont frappés que de

ce qui apparaît ; l'esprit n'est attiré que par ce qui brille.

La capitale et les villes maritimes ou fabricantes absorbent l'attention : la pensée ne perce pas au sein des provinces, des campagnes.

On presse à grands frais la maturité des fruits : on omet de soigner l'arbre, de protéger le germe :

Et la production éparse, la consommation commune, sont privées d'organes.

Tandis que les entreprises majeures, que les monopoles industriels n'ont pas même à se plaindre, se font plutôt craindre.

Les moyens existent en raison inverse des droits, des besoins : l'arrogante puissance triomphe de la faiblesse méritante.

C'est ainsi que le gouvernement vient à manquer à sa tâche capitale, d'entendre raison, de rendre justice.

Dans la vue de l'y ramener, le vrai a été exposé dans plusieurs écrits, et ne sera rappelé ici qu'au sujet de l'impôt.

Le gouvernement influe par la voie de l'impôt, plus que par toute autre, sur l'aisance privée, et donc sur la richesse publique.

Le travail est leur principe générateur.

Aussi la loi, la seule loi de l'impôt consiste à ne pas réduire ses alimens, à ne pas affaiblir son instrument.

Ses alimens, ce sont les matières. son instrument, c'est l'homme.

De là, les matières productibles doivent rester exemptes de toutes taxes.

De là, l'homme producteur doit être quitte de toute charge, en deçà du fond d'entretien de la vie.

Sous le premier rapport, il n'y a que la question d'utilité.

Sous le second, les motifs d'utilité et d'équité, se réunissent, se soutiennent.

L'homme a le droit de vivre; c'est un crime d'y attenter.

L'homme a la faculté de produire; c'est une faute de l'entraver.

Le devoir, l'intérêt sont trahis en même temps.

Deux maximes sacrées en dérivent.

Quand les conditions de la vie sont à peine suffisantes, nul impôt n'est applicable.

La contribution mobilière et celle des portes et fenêtres, doivent rencontrer une limite, comme il est facile.

La contribution foncière est sous la même obligation, autant qu'il est possible.

Pour celle-ci, pour celles-là, la matière imposable ne se rencontre que dans l'excédant des nécessités.

Comme les conditions de la vie sont fort différentes, tout impôt doit être fractionnaire.

Le tarif absolu frappe disproportionnellement, sur l'acte ou le fait relatif.

C'est avec raison que la contribution personnelle, que celle des portes et fenêtres et des patentes, varient de chiffre, suivant les circonstances du pays.

C'est à tort que certains droits de timbre et d'enregistrement, sont fixes.

Le tort est le même, quant aux droits sur les objets dont l'emploi est commandé en quantité égale.

Il existe donc un grand nombre de taxes abusives, oppressives, sous le point de vue personnel.

Sauf quelques exceptions, chacune prise à part est peu sensible, et toutes saisies en masse sont ruineuses.

Dans les exceptions, il faut citer la contribution foncière, quant aux petites cotes : d'autant que l'expertise primordiale a souvent confondu les fruits du travail avec les fruits du sol.

Il faut citer la taxe du sel, qui se résout en un impôt personnel, en une capitation, sans exemption ou plutôt avec aggravation pour les classes misérables.

A 4 sous la livre au détail, à cause des risques du déchet, la charge monte à 3 fr. par tête, à 15 fr. par famille.

Sous le titre formel de la contribution personnelle, le fisc n'ose réclamer que trois journées de travail, que 30 sous, des chefs de plusieurs millions de familles.

Sous le faux titre d'une taxe indirecte, il ravit à chacun d'entr'eux, le décuple.

Et à l'égard de trois millions de chefs, cette

charge fixe est ajoutée à la charge fractionnaire de l'impôt foncier, qui déja empiète souvent sur les nécessités.

De plus, en tant que propriétaires-cultivateurs, la taxe exorbitante de la denrée leur ferme les emplois les plus propices.

Portant un double dommage, elle vient pressurer la récolte actuelle et amaigrir les récoltes futures.

L'absurdité suit l'iniquité : la richesse publique se trouve lésée aussi bien que la justice relative.

La somme du travail fléchit, attendu que son instrument, que l'homme producteur n'est pas entretenu en force.

Les valeurs de travail déclinent, attendu que ses alimens, que les matières productibles sont soustraites aux emplois offerts.

Le sel convient à l'engrais des terres, à l'entretien des bestiaux : proportion gardée, c'est comme si le fumier, le foin et le son étaient surtaxés.

Il faut abolir l'impôt sur le sel.

En se bornant à le réduire, la justice ne serait qu'à demi satisfaite, la richesse publique serait à peine améliorée.

A défaut d'épargnes équivalentes, divers moyens de remplacement se présentent.

En France, la mine de la matière imposable n'a été qu'effleurée jusqu'à présent : les habitudes, les manies, les intrigues se refusent à exploiter ses plus précieux filons.

Naturellement, la part de l'impôt acquittée par les prolétaires devrait être reportée au compte de la contribution personnelle et mobilière.

Et la part payée par les petits propriétaires, devrait être répartie sur la masse totale de la contribution foncière.

Si l'esprit de système y répugne, l'agiotage ou le monopole auront à se soumettre.

Dans la vérité, la subtile manœuvre de l'amortissement n'est mise en jeu qu'au profit des spéculateurs, ne travaille qu'à la ruine des créanciers de l'Etat.

En réduisant le fonds au tiers, on sauve les rentiers, on sert les contribuables, on se rend à la justice, on aide à la richesse publique.

Dans la vérité, la hausse des droits sur les cotons, sur les sucres, etc., n'est repoussée que par les manufactures et par les colonies, ne tendrait qu'à favoriser la production indigène.

En élevant les uns au quadruple, et les autres d'un quart, on nuit à peine à l'industrie, on pèse peu sur la consommation, on ranime la culture et la petite fabrique.

Le type de la contribution personnelle, ainsi que le tarif des portes et fenêtres, des patentes, varie selon les lieux.

Le prix de la journée de travail, qui indique le montant des frais d'existence, lui sert de mesure.

C'est que l'impôt s'acquitte en monnaie et que la monnaie est seulement un signe d'échange.

D'où le chiffre de l'impôt doit être proportionné à la quantité de valeurs réelles que représente la valeur nominale.

De plus, la contribution personnelle tient de l'impôt progressif, en ce que les indigens n'y sont nullement soumis.

Une nécessité de premier ordre, en dictant cette prescription, ouvre la voie devant les nécessités du second ordre qui s'apprêtent à parler.

Quelque jour on verra, d'une part, la contribution personnelle s'élever en raison de l'excédant disponible.

On verra, d'autre part, les taxes indirectes, se concentrer sur les matières destinées aux jouissances.

Il sera compris que l'impôt, s'il n'est pas progressif dans le droit sens des moyens, devient progressif en sens inverse des ressources.

Cependant, la taxe du sel est subie sous un chiffre fixe, par les pays riches ou pauvres, par les êtres riches ou pauvres.

Que la journée de travail soit à trois francs ou à dix sous, c'est tout de même; que le contribuable soit dans l'opulence ou dans l'indigence, c'est tout de même.

La taxe étant assise sur un objet de nécessité absolue, ne peut être considérée comme un impôt de consommation, dont le caractère est d'être libre et relatif.

La taxe constitue une capitation réellement perçue, à des termes réguliers, à l'occasion de l'achat de la denrée.

Et cette capitation ne se borne pas au défaut ordinaire de prélever une somme égale sur les fortunes les plus inégales.

Par une exception unique, sa charge est augmentée en proportion de la misère, dont les alimens grossiers exigent d'autant plus l'emploi du sel.

Entre cette capitation et la contribution personnelle, qui présente aussi une capitation, le contraste est donc tranchant.

Le mode progressif est suivi de même; mais ici dans l'ordre d'ascension ou en droit sens, et là dans l'ordre de déclinaison ou à rebours.

Passons à la contribution foncière.

Le mode progressif ne s'y retrouve pas, car aucune exemption n'a lieu en faveur du dénûment.

La loi n'a vu, n'a saisi, n'a apprécié que la chose, sans se douter que derrière la chose il y avait l'homme.

La chose ou la terre a été taxée suivant la méthode mathématique; bien que la terre ne dénote qu'une abstraction, ne passe à la réalité qu'en tant que ses fruits servent à l'entretien de la vie.

Suivant que la terre jette peu au-dessus, ou au

pair, ou au-dessous de la somme des nécessités, l'impôt soustrait une plus ou moins forte fraction de vie.

C'est-à-dire qu'il réduit à la fois, la puissance et la durée, le travail et l'œuvre de l'homme.

Peut-être un tel vice est de sorte radicale, de nature essentielle, de manière à ne pouvoir être qu'adouci, qu'atténué, par la pratique judicieuse des dégrèvemens.

Mais le sort a voulu que le vice fût aggravé, fût exagéré souvent jusqu'au quadruple, par l'effet de la taxe du sel.

Tel paysan possède un bien dont le revenu net ou la rente est de 20 à 100 francs, à peine ayant de quoi faire vivre sa famille.

En premier lieu, il paie à titre d'impôt foncier, de quatre francs à vingt francs, dont le coût lui revient plus haut, à cause des ventes obligées hors de saison.

En second lieu, il paie à titre de taxe sur le sel, quinze francs par moyen terme, sauf que la misère ne l'empêche de satisfaire aux premiers besoins (1).

Le revenu net étant de cent francs, vingt francs

---

(1) La famille est supposée de cinq têtes : chaque tête requiert quinze livres de sel, eu égard à la sorte des alimens; la livre se débite à 4 sous, en sus du prix naturel, à raison des risques du déchet.

et quinze francs enlèvent plus du tiers, laissent 65 francs.

Le revenu étant de 50 fr., 10 fr. et 15 fr. enlèvent la moitié, laissent 25 fr.

Le revenu étant de 20 fr., 4 fr. et 15 fr. enlèvent les dix-neuf vingtièmes, ne laissent que 1 fr.

La progression est rapidement accélérée.

Or, que la taxe du sel soit abolie.

Pour un revenu de 100 fr., on paiera 20 fr., on gardera 80 fr.

Pour un revenu de 50 fr., on paiera 10 fr., on gardera 40 fr.

Enfin, pour un revenu de 20 fr., on paiera 4 fr., on gardera 16 fr.

Il y aura 80 fr. au lieu de 65 fr.; 40 fr. au lieu de 25 fr.; 16 fr. au lieu de 1 fr.

Il y aura les quatre cinquièmes au lieu du tiers, de la moitié, du vingtième.

Cela n'est-il pas décisif?

Maintenant, la taxe du sel donne un produit net d'environ 56 millions, dont le trésor peut bien sacrifier six millions.

Il faut pourvoir au remplacement de 50 millions, dont la charge est inégalement répartie entre trente millions de têtes (1).

---

(1) On ne fait pas mention de deux millions de personnes aisées.

On met de côté le montant des frais de régie, et l'excédant du prix de débit.

Les familles de petits propriétaires montant à quinze millions d'individus, et de prolétaires de campagne montant à la moitié, contribuent en plus forte proportion que les prolétaires de ville.

Les propriétaires seuls subviennent pour trente millions, et les prolétaires réunis pour vingt millions.

Ainsi, 30 millions devraient être pris sur l'impôt foncier, 20 millions sur l'impôt personnel et mobilier.

Ce dernier fournit 40 millions.

On doit obtenir 10 millions de plus, en le transformant en impôt de quotité, dont la recharge sera compensée pour les petites cotes, par la décharge de la taxe du sel.

On obtiendra 10 millions encore, en le combinant sur une échelle lentement progressive, à partir du point des cotes moyennes; au contraire des taxes somptuaires qui rencontrent une trop faible matière imposable.

Le premier fournit 250 millions en somme.

D'abord, 5 millions environ peuvent être acquis, en portant la contribution foncière des maisons, au niveau de celle des terres.

Il suffira donc d'élever d'un dixième les cotes actuelles, d'établir dix centimes additionnels sur le total ou seize centimes sur le principal.

Une telle quotité n'équivaut pas à la moitié des dégrèvemens accordés depuis dix ans; dont le seul bienfait fut de soulager les payés surtaxés et ne sera point compromis.

Il y aura recharge de l'impôt foncier, et décharge de l'impôt salin.

Pour la cote de 20 fr., celle-là sera de 2 fr. et celle-ci de 15 fr., donnant une remise de 13 fr.

Pour la cote de 100 fr., 10 fr. de plus, 15 fr. de moins, laissent un bénéfice de 5 fr.

A 150 fr., il y aura balance.

A 300 fr., le sacrifice sera de 15 fr., d'un centième de la rente.

A 1000 fr., il sera de 85 fr., d'un soixantième de la rente,

A 3000 fr., il sera de 285 fr., d'un cinquantième de la rente.

1831.

Parmi les taxes à tarif fixe, l'impôt du sel est à la fois, le plus lourd en somme, le plus dur dans l'assiette.

Le peuple l'acquitte à raison de 4 sous par livre; attendu que l'influence du déchet, élève le prix de détail, d'un sou en sus du droit.

La charge totale monte à 80 millions.

Les classes malaisées en supportent les neuf dixièmes : le paysan misérable la subit sur une plus forte quantité.

Jamais la taxe à tarif fixe, n'est proportionnelle aux moyens.

L'homme porte le travail, et le travail jette le produit.

Pour produire, pour subvenir, il faut vivre.

Le coût de la vie est donc à prélever avant tout.

Et le tarif fixe, appliquant sa mesure invariable, sur des ressources variables, vient trop souvent le rogner.

Cette sorte de taxe est à la fois, inconstitutionnelle et anti-sociale.

Dans un ordre d'idées qui est juste et n'est point reçu, les désignations ne peuvent être empruntées que d'un ordre d'idées qui n'est pas juste et qui est reçu.

Par l'expression d'impôt progressif, on entend le cas où le chiffre fractionnaire passe du dixième au neuvième, au huitième, d'après l'intensité de la fortune.

Ici, le chiffre est le même sur le papier, et n'est point le même quant à la bourse.

La bourse provenant du revenu, du profit ou du salaire, varie d'un à mille, et plus.

Or, le coût de la vie, *le nécessaire physique et égal*, demeure toujours à un.

Là, où la bourse en brut ne dépasse pas un, au net elle est donc réduite à zéro.

Alors, arrive l'impôt du sel par exemple, avec son tarif fixe de 15 fr. par famille.

C'est 15 fr. à percevoir sur mille moins un, sur cent moins un, sur dix moins un, sur zéro enfin.

L'impôt est progressif, non pas dans le sens direct, mais dans le sens inverse des moyens.

Il est progressif à rebours ; il est rétrogressif.

Quant à présent, l'impôt rétrogressif, préserve seul de l'impôt progressif.

Afin d'alléger ou d'abolir celui-là, on sera contraint d'établir celui-ci.

D'abord, il convient de le dépouiller d'un faux titre.

Suivant son mode, il n'y a point progression, en raison de la fortune massive : il y a proportion au-dessus d'un nécessaire divers.

Le nécessaire absolu est égal, comme dit Montesquieu : le nécessaire relatif est inégal.

Du pâtre au roi, l'infini s'interpose.

Ce genre d'impôt doit s'entendre ainsi.

Il est alloué ou reconnu à chacun, en raison de sa fortune, un taux spécial de nécessaire.

Et cela dans un rapport ascendant quant à la somme, décroissant quant à la fraction :

Par exemple, les trois quarts, les deux tiers, la moitié, le tiers, suivant le degré de son élévation.

Puis, ce prélèvement étant opéré, l'excédant est soumis à une taxation proportionnelle.

Seulement, l'exécution est délicate.

En Angleterre, le mode progressif appliqué à *l'income tax*, s'exerçait sur la foi des sermens.

En France, les données doivent être matérielles.

L'impôt mobilier fournit l'ébauche.

L'appréciation plus exacte de ses bases, accomplira la tâche.

Il faut extraire de toutes les sources de richesse.

Il ne faut prendre que sur la dépense.

L'impôt mobilier répond seul à ces conditions.

L'injustice de l'un à l'autre contribuable, n'équivaut pas à l'iniquité, envers une immensité de citoyens.

L'arbitraire laissé aux agens, est peu fâcheux en droit, et peu sensible en fait, auprès de l'arbitraire proclamé par la loi.

On doit reparler des autres taxes : car la vérité ne s'entend pas du premier mot.

L'impôt n'a qu'une règle, qu'une limite.

La règle consiste à ne pas atténuer le travail, à ne pas amoindrir l'œuvre.

La limite réside au point, où le taux diminuerait le produit.

Remettez donc le droit de détail à 15 pour 0/0 en libérant la circulation et allégeant les tarifs fixes.

Etablissez de modiques droits, soit de barrière, au passage des villes, soit d'entrée à la porte des villes moyennes.

Imposez un droit de licence relative, aux notaires, avoués et huissiers, aux pharmaciens, droguistes et épiciers ; aux marchands et débitans en général.

Erigez une taxe restrictive sur les nouveaux procédés de l'industrie, qui économisent le travail sans améliorer la fabrique.

Rapprochez d'un tiers, la taxe des sucres coloniaux, de la surtaxe des sucres étrangers.

Haussez le tarif d'entrée de toutes les denrées du tropique ; et plutôt encore celui les cotons en laine.

Elevez le droit sur les mutations à titre gratuit, surtout quant aux successions indirectes et aux donations.

Faites contribuer les domestiques mâles, les chevaux et voitures, les hôtels et châteaux.

Portez ces taxes au double pour les célibataires.

A défaut du mode progressif, augmentez l'impôt mobilier, au-dessus d'une certaine cotte.

Ainsi, et en outre de l'abolition ou de la réduction de l'impôt du sel, il y aura moyen de consacrer 40 ou 60 millions.

A la réduction ou la transformation des tarifs fixes d'enregistrement, de timbre, de greffe, de poste, de passe-port, etc.; qui pèsent d'autant plus, en raison progressive du dénuement;

A l'allègement des droits fixes sur les boissons communes, à l'exception des eaux de-vie, dont l'effet est semblable;

A la limitation de l'impôt mobilier qui dîme sur l'insuffisance de la vie, et des portes et fenêtres qui contraignent à se priver de l'air et du jour.

Enfin, au dégrèvement des petites cotes foncières, au cas d'abondance d'enfans ou d'absence de bras ou de survenance d'accidens.

La France renferme six millions et demi de maisons, au moyen terme de cinq habitans, c'est-à-dire, plus de trente-deux millions d'individus.

La maison contient souvent plus d'une famille: d'où il y a environ huit millions de familles à quatre personnes, l'une dans l'autre.

Les cotes de l'impôt personnel s'élèvent à 5 millions 200 mille : d'où il y a près de trois millions de familles ou dix millions d'individus dans l'indigence.

C'est la classe des prolétaires proprement dits.

Et les cotes de l'impôt foncier, au-dessous de 20 fr., à la moyenne de 15 fr., montent à 8 millions, dont la moitié probablement donne le nombre des cotisables.

D'où il y a quatre millions de familles, taxées en moyenne à 30 fr., ayant à peine la suffisance des besoins.

C'est la classe des petits propriétaires.

Il convient d'y ajouter environ un million de familles, vivant d'un travail peu profitable.

Ainsi la France renferme (1) :

A l'état d'indigence constante.	10 millions d'êtres.
A l'état de suffisance stricte. .	16
Idem.	4
A l'état d'inégale aisance. . . .	2
	32

Il s'agit de rechercher en quel rapport, le sys-

---

(1) La classe indigente doit être moindre, et la classe aisée plus nombreuse.

Du reste, ces chiffres laissent quelque vague : le travail de la commission départementale, en 1829, présente six millions de cotes pour le personnel et le mobilier réunis.

tème général des impôts frappe sur toutes ces classes.

Non sans observer qu'à l'égard de l'indigence, toute taxe, en l'atteignant, se met en contradiction avec la loi qui l'exempte de l'impôt personnel.

Pour chaque famille de cette classe, il y a à payer dans les villes :

Portes et fenêtres	1 fr.
Droits sur les boissons	3
Impôt du tabac	3
Impôt du sel	8
	15
Et dans les campagnes, supplément du sel	4
	19

Pour chaque famille de la seconde classe, il y a à payer dans les villes :

Portes et fenêtres	2 fr.
Impôt personnel	3
Impôt mobilier	3
Passeports et ports de lettres	4
Droits sur les boissons	8
Impôt du tabac	6
Impôt du sel	10
	36

Et dans les campagnes, supplément du sel	5
	41

En outre, pour les petits propriétaires:

Impôt foncier, en moyenne. . . .	30
Enregistrement de toute sorte. . .	6
	77

C'est-à-dire, pour les prolétaires, la somme de 41 fr. sur le salaire à peine suffisant du travail.

Et pour les propriétaires, celle de 77 fr., sur un revenu brut de 200 fr.

A l'égard de la classe indigente, il lui est enlevé la somme de 19 fr., ou la valeur de vingt à trente journées de travail.

Comme les charges s'élèvent en même raison que les ressources, on conçoit que pour les deux classes, les frais et les amendes viennent aggraver le poids de l'impôt.

De plus, il est un point qui n'a pas encore obtenu la moindre attention, et qui mérite la plus haute sollicitude, sous les rapports du droit personnel et de l'intérêt social.

Toutes les taxes sont écrites en chiffres abstraits, sont acquittées en espèces identiques; bien que la valeur monétaire varie fortement, suivant les lieux, vis-à-vis les valeurs réelles et substantielles.

Quant à l'homme qui n'a pas tout-à-fait ou qui

n'a qu'à peu près la suffisance de ses besoins absolus, toute valeur doit être prise au titre de valeur de vie.

Or, la vie quotidienne, appréciée en espèces, coûte ici 10, 12 et 15 sous, et là 8, 6 et 3 sous.

Et l'impôt tarifé au chiffre d'un sou, par exemple, enlève en fraction de vie, ici le dixième, le douzième, le quinzième; et là le huitième, le sixième, le tiers.

Maintenant il faut mettre en comparaison, la classe qui n'a que sa suffisance, avec la classe qui est dans l'aisance, en réunissant les villes et les campagnes et partant toujours du terme moyen.

On comprend dans les charges de la classe moyenne, celle de la classe indigente, qui n'est pas considérable; en sorte que le surplus de l'impôt est au compte de la classe supérieure.

On ajoute au montant des 8 millions de cotes foncières au-dessous de 20 fr., les 600 mille au-dessous de 30 fr. et les 300 mille au-dessous de 50 fr., dont les contribuables diffèrent peu de position.

Charges des classes malaisée et indigente.

Impôt foncier	2/3	160 millions.
Impôt mobilier	1/2	10
Impôt personnel	9/10	18
Portes et fenêtres	4/5	12
Patentes	1/3	8
Aliénations	1/4	25
Successions	2/3	28
Timbre	1/6	5
Greffes et hypothèques	1/2	5
Voitures et poudres	1/4	2
Passe-ports et port-d'armes	1/2	1
Poste	1/3	10
Loterie	1/5	3
Douanes	1/10	10
Sels	9/10	55
Tabacs	3/4	36
Bières	4/5	8
Cidres et poirés	4/5	4
Eaux-de-vie	4/5	10
Vins	1/2	50
		448

Il est à remarquer que la consommation des tabacs est de fantaisie et non pas de nécessité ; que celle des eaux-de-vie est peu resserrée par le droit et doit même être resserrée; enfin que celle en vins qui s'opère dans les cabarets, occasione des pertes de temps, d'argent, de santé et de mœurs, que l'impôt tend à épargner.

Du reste, ce tableau parle assez haut et indique clairement les taxes qui sont condamnées par l'équité naturelle et par l'utilité politique.

Une autre observation importe à faire.

Les classes dénuées et la classe aisée possèdent à peu près le même revenu, ou, pour mieux dire, effectuent la même dépense ; car l'impôt doit être prélevé sur la dépense qui ne laisse rien après elle, et non pas sur le revenu dont une portion est souvent mise en valeur. . . . .

Et les recettes fiscales du trésor étant d'environ 900 millions, la somme d'impôt est de même égale pour l'une et pour l'autre.

En supposant que le revenu total de chaque classe monte à deux milliards et demi, c'est environ 500 millions qui doivent être perçus sur l'une et sur l'autre, ne laissant de disponible que deux milliards.

Or quel est l'emploi respectif de cette somme?

D'une part, elle est destinée à l'entretien d'environ 2 millions d'individus, à raison de mille francs par tête.

De l'autre, elle est consacrée au soutien de

20 millions d'êtres, à raison de cent francs par tête.

L'impôt enlève à chacun des premiers, deux cent cinquante francs, à chacun des derniers, vingt-cinq francs.

Même dans le langage arithmétique, le tarif n'est juste qu'en apparence,. est faux dans la réalité.

Préalablement à ce que l'homme paie, il faut que l'homme vive.

Si on estime les nécessités de l'existence à soixante-quinze francs, tous frais faits, il ne reste à celui-ci que vingt-cinq francs.

Il possède vingt-cinq francs et paie vingt-cinq francs: il verse au fisc autant qu'il conserve pour lui-même.

Tandis que celui-là paie deux cent cinquante francs et possède mille francs moins soixante-quinze francs, ne donnant ainsi que le quart.

Puis, en pénétrant dans les rangs inférieurs de la classe malaisée, il s'y rencontre un grand nombre d'individus qui constamment ou passagèrement ne peuvent satisfaire en plein à leurs besoins.

En nature de vie simple et saine, il leur manque un cinquième si l'on veut : et voilà que l'impôt vient les priver encore d'un cinquième.

En bonne justice et même en droite raison, l'impôt eût été mieux avisé de requérir à autant de membres de la classe aisée, le décime en sus, pour le leur remettre et couvrir le déficit.

En payant deux cent soixante-quinze francs au lieu de deux cent cinquante francs, ils ne prendraient pas sur leur vie, et ils rendraient à d'autres la vie.

NOTES.

I.

La France est un pays agricole : la terre est l'enfant favori de l'Etat : la terre a le droit d'aînesse. Que l'enfant nourrisse son vieux père ; que l'aîné protège ses cadets.

L'étendue est immense et la population éparse : les fortunes sont chétives, les esprits ignares, les caractères cupides : l'impôt indirect subira d'autant plus de faux frais, causera d'autant plus de pertes sèches. Et sa charge, ainsi aggravée, tombera immédiatement, retombera indirectement sur le propriétaire, le fermier, le laboureur.

Il n'est pas vrai que l'impôt foncier atténue les ressources, entrave les progrès de l'agriculture : l'impôt pèse sur le propriétaire et non sur le fermier ; l'impôt est soustrait au revenu rural, et non pas aux profits agricoles.

Lorsqu'il plaira de soigner les intérêts de l'Etat plutôt que les intrigues du scrutin, et de servir les besoins vitaux de la propriété, au lieu de flagorner les aveugles penchans du propriétaire, un pas en sens contraire, mènera à ces fins légitimes.

Il n'y a point de limite à la production des laines et des lins : il y a autant de travail dans leur fabrication, que dans celle des cotons. Frappez donc leur introduction d'un droit considérable : vous augmentez les rentrées du fisc ; vous augmentez les produits du sol ; et l'industrie n'y perd rien. Même le consommateur y gagne de n'être plus contraint d'aller se vêtir en Amérique, en cas de guerre.

Faites mieux encore : abolissez en totalité, comme l'exemple vous en est donné par votre maître d'école d'outre-mer, cette taxe vingtuple de la valeur réelle, qui pèse sur les sels, sur une matière féconde en services de toute sorte, dont l'industrie rurale appliquerait l'emploi aux bestiaux comme aux terres : de sorte à se couvrir bientôt du paiement d'une somme égale, en nature de subsides. (1826.)

II.

Le système actuellement en vigueur, quant aux provinces où la propriété est divisée en fragmens, constitue un impôt progressif, non pas dans le sens banal de cette expression, mais dans le sens diamétralement opposé ; non pas en raison directe de l'élévation des moyens, mais plutôt en raison inverse de la dégradation des ressources : car le coût d'entretien de la vie, qu'il faut bien respecter et tenir quitte de tout prélèvement, sauf à prononcer l'arrêt de mort, étant pris pour l'unité, celui qui n'a que deux, en payant le sixième du chiffre nominal, paie réellement le tiers du revenu réduit à un ; et celui qui a six, au lieu de fournir un sixième sur le total, subvient du cinquième sur l'excédant au-dessus d'un. Tandis que pour ceux qui ont dix, et vingt et trente, l'unité toujours fixe tombe au rang d'une quotité relativement imperceptible, et l'impôt n'est plus qu'au sixième.

Mais qu'on abolisse cette sorte de capitation, cette taxe sur les sels, laquelle au taux de quarante sous par tête, monte à douze francs par famille opulente ou misérable; et qu'on la remplace par une contribution territoriale, équivalente, par exemple au cinquième de l'impôt foncier; voilà que la famille propriétaire qui paie dix francs d'impôts, c'est-à-dire qui lève du sol, soixante francs de produit net ou de profit, est déchargée de douze francs de capitation, et n'est rechargée que de deux francs de contribution: tandis que celle qui paie mille francs d'impôt, et par conséquent qui tire du sol, six mille frances de produit net ou de revenu, n'est déchargée de même que de douze francs, et au contraire est rechargée de deux cents francs.

« Au moyen de quoi, il y aurait un bénéfice successivement décroissant jusqu'à la cote de soixante francs d'impôt, jusqu'à la jouissance de 360 francs de produit net; lequel produit, bien qu'après la distraction des frais d'entretien de l'existence, il ne se prête guère à la formation du revenu proprement dit, néanmoins avec l'addition des valeurs restituées par le travail, garantit une certaine médiocrité.

« Et il y aurait un sacrifice relativement ascendant, jusqu'à la limite extrême, quant aux cotes supérieures, qui à mesure qu'elles porteraient les signes de l'aisance, de la richesse, de l'opulence, seraient ainsi appelées au secours des conditions inférieures; de sorte à remplir à un certain point, l'office tutélaire envers la société ainsi qu'équitable envers l'individu, d'un large fonds de dégrèvement, appliqué aux petites cotes mises en souffrance. » (1828.)

III.

Sous le rapport de la consommation, l'impôt sur les sels et l'impôt sur la mouture sont de la même classe, font une classe à part, attendu qu'ils frappent tous deux, qu'ils frappent seuls sur les nécessités de la vie : chose vraiment intolérable, à cause de l'égalité du coût pour le riche et pour le pauvre; sauf que la hausse des salaires ne s'en suive, ce qui n'a lieu que dans les états industriels.

Et il faut remarquer que l'impôt sur les sels, au quintuple du prix vénal, qui revient à deux francs par tête, pèse sur le contribuable, autant que l'impôt sur la mouture, au trentième du prix vénal, qui revient, pour une dépense annuelle de 60 francs, à 2 francs par tête.

Sous le rapport de la reproduction, l'impôt sur les sels et l'impôt sur la mouture sont assimilés, en ce que la privation de l'une ou l'autre substance, parfois infligée au misérable, détériore de même la santé, atténue de même l'intensité des forces, la capacité du travail.

Ils diffèrent en ce que la farine et le pain, dont le dernier élève les prix, ne sont susceptibles d'entrer en qualité d'élément ou d'agent, dans la formation d'aucuns produits; tandis que les sels, dont le cours est haussé par le premier, sont indispensables au titre d'aliment pour le bétail et d'engrais pour la terre, à la création de valeur nouvelles.

De là, résulte cette maxime encore paradoxale et bientôt banale, que dans les pays industriels, où leur exercice est également praticable, on peut indifféremment appliquer celui-ci ou celui-là; et que dans les contrées agricoles, où l'impôt sur les sels est seul possible à établir, il faut regretter de ne pouvoir plutôt appliquer l'impôt sur la mouture.

Ainsi en Hollande, où la nature des choses en a ordonné depuis long-temps, l'un et l'autre de ces impôts est dûment institué; bien qu'en Belgique où la manie de la règle a introduit celui sur la mouture, ni l'un ni l'autre ne devrait être admis.

Ainsi en Angleterre, où en conséquence, son taux montait à sept sous par livre, l'impôt sur les sels était beaucoup moins funeste qu'en Irlande, où à juste raison, il ne fut jamais porté qu'à un sou par livre.

Maintenant ces Etats voisins viennent nous faire la leçon : les Pays-Bas, moins éclairés ou plus gênés, en prescrivant que l'agriculture recevrait quittes du droit, les sels mixtionnés de façon à ne pas servir à la nourriture ; la Grande-Bretagne si habile en administration économique, en abolissant totalement, avec un sacrifice de quarante millions, l'impôt sur les sels.

Or, les mêmes motifs commandent encore plus impérieusement à l'égard de la France, pays où la malaisance, si étendue, si invétérée, invoque davantage le dégrèvement d'un objet de première nécessité : pays où l'intérêt agricole est général, au lieu qu'il n'est que partiel dans ces Etats, et est infiniment supérieur à l'intérêt industriel, au lieu d'être au pair ou au-dessous comme en ces Etats. (1829.)

IV.

Une note rapide fera connaître les dommages apportés à la consommation et à la reproduction, par la taxe sur des sels.

A peine y a-t-il à dire un mot d'humanité, d'équité, d'égalité : le siècle est sourd de cette oreille ; il ne se passionne que pour des abstractions : qu'il s'agisse du monopole des tabacs, voilà ce qui parle à l'ame. Et le mot étant pris pour la chose, l'indignation éclate.

Quant à ce que des peuplades entières soient contraintes à se priver de beurre et de viandes salées, à se passer de sel dans le pain, la soupe, les bouillies : cela ne compte pas ; après tout, ce n'est pas s'empoisonner.

Aussi le mal va plus loin, tant les nécessités sont tyranniques. On dérobe en fraude l'eau de la mer ; on achète à moitié prix, la saumure des salaisons en viandes et en poissons ; on n'achète pas peut-être, mais on gratte, on dévore la raclure des sels employés au tannage des peaux.

Passons aux pertes de la richesse publique.

En Bretagne, seule province qui à la fois, produisait la denrée, et ne subissait pas l'impôt, la récolte des sels montait, année moyenne, valeur après le déchet, à 15 mille muids, à 450 mille quintaux métriques, dont 120 mille seulement étaient enlevés pour l'étranger, dont 60 mille peut-être étaient soustraits par la fraude.

Comme les prix plus hauts empêchaient les achats de la ferme générale, il s'ensuit que la consommation du pays, absorbait 270 mille quintaux métriques, ou 54 millions de livres anciennes, à raison de 27 livres par tête sur deux millions d'habitans.

De là on peut présumer à quel taux s'élèverait, par suite de l'abolition de l'impôt, la totalité des emplois alors portés au niveau des besoins ; dans cette France généralement plus active, plus instruite, plus intelligente que la Bretagne ; après cette ère de quarante années équivalant à un ou deux siècles, quant à l'élan des esprits, quant aux progrès de l'aisance.

Ce n'est pas trop dire : il y aurait une dépense triple, à quarante livres au lieu de treize livres par tête, à six millions de quintaux au lieu de deux millions, dans le royaume.

D'abord, en fait de commerce, ce serait, en négligeant les faibles transports par terre, au moyen terme de cent lieues par rivière ou par mer, un mouvement de 400 mille tonneaux, de 10 mille navires ou barques, de 30 mille matelots.

Puis, en fait d'agriculture, ce serait en distrayant un million de quintaux environ, consacrés à la subsistance de la population, une masse de trois millions de quintaux destinés, soit à la nourriture et à l'engrais des bestiaux, soit à la fertilisation d'un sol à peine cultivé, ou d'un sol encore inculte.

Tels sont les moyens : telle est la semence : et la nature n'a pas coutume de dévorer les avances, d'avorter en récoltes. (1829.)

V.

Le produit brut de la taxe du sel, à 30 fr. le quintal, est d'environ 60 millions de francs.

Le produit de la taxe à 10 fr. par quintal, sans parler de l'accroissement de la consommation, fournirait	20 millions
Le produit excédant quant aux villes, au taux de 30 fr., donnerait	10 millions
L'économie des frais de douane et la diminution de la fraude, offriraient . .	5 millions
Produit total,	35 millions

Le déficit se bornerait à 25 millions.

Mais il y aurait accroissement de consommation.

Les villes étant mises à part, la population restante

monte à 24 millions, et réside dans les campagnes, qui ont plus de besoins, qui seules ont des emplois.

Il faut entendre qu'à raison des risques du déchet, le prix de détail est tenu en général à 4 sous la livre, en sus du prix naturel.

Ce qui élève la charge réelle et totale des contribuables à 80 millions, au lieu de 60 millions.

Ce dernier prix est d'un quart de sou et d'un demi-sou, suivant l'éloignement des lieux.

Ainsi le sel baissera de 3 sous la livre, sur 4 sous et demi et 4 sous un quart, environ au tiers du prix actuel.

Une telle différence sera d'un effet sensible.

Dans les contrées misérables, où précisément le besoin en est plus grand à cause des bouillies, la subsistance de l'homme à peine satisfaite à moitié, le sera pleinement.

Et la nourriture du bétail presque nulle à présent, prendra la moitié du sel nécessaire.

Et l'engrais des terres tout-à-fait nul, en usera un quart de la suffisance.

Dans les régions riches et instruites, la nourriture du bétail sera accomplie en totalité, et l'engrais des terres sera élevé à moitié.

On peut croire que ces accroissemens d'emplois porteront la consommation, de 14 livres par tête, au double ou à 28 livres.

C'est-à-dire, que l'individu étant déchargé de 42 sous, en mettra le tiers en dépense et les deux tiers en épargne : rapport ordinaire dans les réductions d'impôts.

En tout cas, 24 millions d'hommes qui n'ont plus à payer que 20 millions au lieu de 60, disposeront de manière ou d'autre, des 40 millions de bénéfice.

Sera-ce la moitié, le tiers ou le quart de cette somme, qu idoit être employé aux divers emplois du sel?

Si c'est la moitié, le déficit n'est que de 5 millions.

Si c'est le tiers, il est de 12 millions.

Si c'est le quart, il est de 18 millions.

On ne peut supposer pis. (1830.)

DE L'IMPRIMERIE D'A. PIHAN DELAFOREST,
rue des Noyers, nº 37.

www.ingramcontent.com/pod-product-compliance
Ingram Content Group UK Ltd.
Pitfield, Milton Keynes, MK11 3LW, UK
UKHW020303220726
13923UKWH00002B/995